이야기와 소설

이호규 지음

신아사

책을 펴내며

이 책은 한국어문학을 전공으로 선택하여 대학에 입학한 학생들을 대상으로 서사 문학에 대한 가이드북같은 전공 교재를 만들어보자는 기획하에 집필되었다. 저자는 한국 현대소설을 전공분야로 하고 있으며 강단에서 기초적인 서사 문학에 대한 수업과 현대소설론, 현대소설텍스트 읽기, 현대작가론 등을 가르치고 있다. 나는 이 교재가 1학년 신입생들에게 서사문학과 소설의 역사와 관계 그리고 소설을 포함한 서사 텍스트를 대학 입학 이전의 배움과 학습과는 다르게 새롭게, 그리고 창의적이면서 올바르게 배우고 읽고 사유할 수 있도록 하는 입문서가 되기를 바란다.

대개 다른 국어국문학 관련 학과 개설 과목이 그렇듯, 우리 학과도 최근 몇년 전까지 1학년 1학기 현대문학 전공 분야 전공핵심 과목으로 <문학이론입문>이나 <문학개론> 같은 과목이 개설되어 강의가 진행되었다. 그런데 기존의 <문학이론입문>이나 <문학개론> 과목의 경우, 기왕에 나와 있는 교재들이 고등학교 참고서 수준의 요약식 혹은 주입식 정보 수준에 머물러 있거나 학부 1학년 학생들이 수업하기에는 너무 이론 중심의 난이도가 높은 내용의 교재들이어서 교재 선택에 어려움이 많았다.

그래서 몇 년 전 한국어문학과로 개편되면서 학과 개설 과목을 재편성하는 가운데, 1학년 학생들이 좀 더 쉽게 접근할 수 있으면서도 상급반 개설과목들, 앞서 말한 현대소설이론이나 작품 강독, 작가론, 나아가

문학사나 문학 비평을 배우게 될 때 충분히 활용할 수 있고 토대가 될 수 있는 내용들로 채워진 수업을 해보자는 의도 하에 <이야기와 소설> 과목을 개설하고 교재 없이 강의와 과제, 토론으로 수업을 진행해 왔다. 이 교재는 그러한 몇 년 간의 수업 내용을 바탕으로 하고 있다.

몇 년 간의 실제 수업을 통해 얻은 경험과 시행착오, 그리고 과제물의 주제나 종류, 과제물의 성과와 토론 성과 등을 검토하고 그 결과물을 바탕으로 수업 진행 방식에 따라 목차를 만들었다. 주제는 분명하되 너무 이론적으로 일단 접근하기보다는 실제 텍스트, 과제 수행을 통해 자연스럽게 주제에 대해 학생들이 깨닫게 하는 방법을 택하는 쪽으로 교재를 만들어 나갔다. 그것이 1학년 학생들이 새로운 수업 방식에 익숙할 수 있도록 하는 훈련임과 동시에 서사 문학의 역사를 인물과 시대 상황의 관련성에 따라 그 변화와 의미를 알게 되고, 그를 통해 소설 탄생과 현재적 의미를 체득하게 할 수 있는 나 나름의 괜찮은 방법이라는 것을 지난 몇 년 간의 경험을 통해 알게 되었다.

신화에서부터 전설, 동화 그리고 현대소설에 이르는 서사 문학의 역사와 그 내적 변화를 이론 중심이 아니라 텍스트 중심으로 과제를 통해 알게 하면, 이후 상급반에 올라가서 이론을 접하게 되었을 때 훨씬 이해력이나 학습 성과가 올라갈 것이라고 믿기 때문에 교재 I 부는 그런 과정을 강의와 과제 중심 내용으로 해서 집필되었다. II 부는 창작자 혹은 연구자로서 보다 올바른 문학을 한다는 것은 어느 시대에나 그 시대의 불합리하고 부조리한 관념이나 습속이 무엇인지 정확히 인식하고 그를 통해 자신이 갖고 있었던 편견이나 불합리한 인식에 대해 성찰하고 나아가 보다 올바른 인식이 무엇인지, 어떤 대안을 제시할 것인지, 혼자 힘들면 무엇에 대해 같이 이야기하자고 할 것인지 사유하고 실천하는 것임을 학생들이 깨닫도록 하자는 목적을 가지고 있다. 그 성찰과 실천은 문학 전공자로서 갖추어야 가장 본질적이고 기본적인 자질이자 품성이라고 믿기 때문이다. 그러한 훈련을 통해 마지막 부분에서는 현대 서사 즉 소설 텍스트를 둘러싼 조건들, 작가, 시대 및 형식적 요소들에 대한 본격적인 연구 성과를 통해 감상자로서의 수준을 넘어서서 전공 연구자 혹은 창작자로서의 수준을 학생들로 하여금 깨닫게 하도록 편성하였다. 학생들은 그 학습을 통해 논문 형식 또한 익힘과 동시에 전문적인 독자로서의 학습 욕구 및 태도를 가질 수 있게 될 것이다. 여기서 활용된 작가론 및 작품론은 저자가 학회지에 게재한 논문 중에서 이 교재와 맞는 논문을 골라 다시 본 교재에 맞게 편집한 것임을 밝힌다.

이번 프라임 사업 기획을 통해 <이야기와 소설> 과목을 다시 검토하고 구체적인 의도와 기획 하에 저간의 수업 내용을 정리하고 보충하여 교재로 출간할 수 있게 되어 감사한 마음이다. 이런 기회를 주신 동의지천교양대학 강경구 학장께 깊은 감사의 마음을 전한다.

목 차

I

서사문학과 소설

Ⅱ

편견 찾기와 편견 깨기 - 새롭고 올바른 서사를 위한 실천

Ⅲ

현대 소설 읽기

I

서사문학과 소설

1. 인물과 이야기를 통해 본 서사문학의 역사

서사문학의 본질은 이야기라고 할 수 있다. 서사는 글쓰기 방식의 하나로써, '누가 언제 어디서 무엇을 어떻게 왜'라고 하는 소위 육하원칙(六何原則)에 따라 글을 쓰는 방식을 말하는 것이면서 동시에 그렇게 쓰여진 글을 말한다. 즉 서사를 이야기라고 할 수 있는 것은 특정한 인물(들)이 겪었던 사건을 전달하고 있기 때문이다. 서사와 문학을 따로 놓고 말하면 우리들이 매일 접하는 신문의 기사 역시 서사(적인 글)가 될 것이다.

보통 우리는 어제 있었던 일을 오늘 친구에게 말할 때 '어제 나에게 있었던 이야기 들어볼래?'라는 말을 하며, 반대로 나만 모르는 어떤 대화를 친구들이 나눌 때. '무슨 이야기하고 있어?' 혹은 '이야기 좀 해 봐'라고 한다. 이럴 때 이야기라는 말에는 앞서 말한 육하원칙에 바탕을 둔 어떤 사건의 시작과 끝을 이해할 수 있게 한다는 암묵적인 약속 또는 기준이 깔려 있는 것이다.

그런데 똑같은 사건을 누가, 어떻게 하는 가에 따라 내용과 반응은 전혀 달라진다. 신문 기사와 서사문학은 똑같은 서사적인 글이지만 그 글에 쓰이는 재료와 그에 따른 독자의 반응은 달라진다. 거기에서 문학이 가지는 특징이 드러나는 것이지만, 여기에서 깊게 논의할 필요는 없다. 그것은 보다 본격적인 소설론에서 배우게 될 것이다.

다만 몇 가지 학생들이 이미 알고 있는 사실을 짚고 넘어가는 것은 그리 무의미하지는 않을 것이다. 왜 그런가는 차후 학습하기로 하고, 서사문학이 다른 서사적인 글과 다른 점은 허구적인 글이라는 것과 문학적인 장치(구성의 다변화, 시점의 다양성, 묘사 혹은 비유 같은 수사적 기법의 활용)를 통해 단순한 정보 제공의 차원을 넘어 정서적 반응(감동 혹은 쾌감)을 이끌어 낸다는 점이다.

역사적으로 볼 때 지금 우리가 소설이라고 부르고 있는 서사문학 이전에 다양한 양식의 서사문학이 존재해왔다. 여기서 우리가 읽고, 보면서 즐기고 체험하고자 하는 것은 거창한 서사문학의 역사에 대한 이론적 학습은 아니다. 이 절에서 다루고자 하는 것은 오래된 서사문학의 형태(원형이라고 해도 무방할 것이다)에 대한 통시적 접근을 통한 이해이다. 그것은 인물을 중심으로 한 내용 이해를 통해 서사문학의 원형과 변화, 그 의미를 알아가는 기초적 학습이 될 것이다.

2002년 인류문화유산에서는 '한 사회 또는 사회적 집단에서 나타나는 예술, 문학, 생활양식, 가치관, 전통, 신념 등의 독특한 정신적, 물질적, 지적 특징'을 문화라고 정의하고 있는데, 문화에 문학 특히 서사문학을 대체해 놓아도 전혀 틀리지 않으며 오히려 서사문학을 이해하는 데 도움이 될 것이다. 서사문학은 그 시대 사람들의 인식 수준, 세계관, 그리고 인간을 이해하고 판단하고 행동하는 기준이 이야기라는 형태 속에 녹아들어 있는 것이다. 서사문학을 그러한 다양한 정치, 사회, 문화적 관계망 속에서 읽지 않으면 올바르게 서사문학을 이해할 수 없다.

따라서 서사문학의 흐름을 도식적이고 이론적인 틀에 맞추어 일방적인 주입식 수업 방식을 통해 학습하기 보다는 신화에서부터 전설, 민담, 동화, 그리고 현대적 서사물에 이르기까지 텍스트들을 중심으로 읽고 보고 학생 스스로 이해하는 방식으로 해나가고자 한다. 그럼으로써 서사문학과 인간, 시대, 환경과의 연관성을 살피고 현재 우리 시점에서 어떻게 평가하고 수용할 수 있는 가에 대해 논의하고 정리하는 열린 수업이 이루어질 것이다.

1) 서사와 텍스트 그리고 스토리텔링

한 인간이 겪는 사건의 자초지종을 이야기하는 것, 그것을 서사라고 한다고 하면 서사 텍스트는 인간 역사가 시작된 이래 지금 현 시대에도 일상에 퍼져 있다. 책, 영화, 광고는 물론이고 지역발전모델에도 서사는 존재한다. 여기서 텍스트는 인과관계를 가진 사건이나 이야기 구조를 갖춘 기존의 서사문학을 넘어 유형과 무형의 문화콘텐츠로 수용되고 변이되고 재해석되고 창조되어 다양한 영역에서 소통의 과정을 거치면서 공감과 설득의 공간 속에서 예측할 수 없는 상상력의 영역으로 확장되고 있다.

우리 수업은 서사문학의 고정된 텍스트와 수용에서 나아가 분석하고 해석하여 새로운 텍스트의 창조까지 기획하고 실천하는 것이 목적이기 때문에 서사와 텍스트 그리고 스토리텔링의 역동적 행위를 수업 행위의 수단이자 목표로 정한다.

흔히 스토리텔링은 '이야기(story)', '말하기(tell), '현재의 상황(ing)'이 결합된 것으로 본다. 우리는 서사문학을 기본으로 하면서 그 서사문학에 대한 이해, 그리고 토론과 토의를 거치면서 이루어지는 말하기, 현재와의 연관성 속에서 파악하고 재창조해낼 수 있는 기획력과 상상력, 이 세 가지 영역의 행위를 수업을 통해 실천하고자 한다.

서사문학 즉 소설에 대한 이론적 수업은 상급반에서 심화 학습할 것이므로 여기서 중요한 점은 구체적 용어나 이론에 대한 습득보다 전반적인 행위의 실천 덕목과 목표, 지향에 주목해야 한다는 점이다.

우선 구체적인 텍스트의 이해와 수용, 그리고 현재성의 발견과 의미에 대한 실천적 과제를 하기 전에 간단하게 앞서 말한 스토리텔링의 각 항목에 대해 알아본다. 서사문학은 다시 반복하거니와 특정한 인간의 겪는 사건을 인과관계에 의해 형상에 의해 표현하고 있는 것을 말한다. 형상이란 추상적인 개념에 근거해 설명하지 않고 구체적 사물이나 인물, 배경을 문학적 수사를 통해 표현함으로써 사실성과 더불어 정서적 반응을 통해 감동이나 교훈을 이끌어내는 것을 말한다.

우선 서사 즉 이야기에 집중해야 한다. 그 말은 인물과 사건(인물이 놓인 상황에서 인물이 어떤 경험을 하게 되며 그것은 무엇을 의미하는가)의 상호 역동적 관계에 대해 충분히 이해해야 한다는 것을 의미한다. 인물과 사건은 긴밀하게 연결되어 있으며 사건의 본질이나 경과에 따라 인물의 반응은 변하며 또한 인물의 성격이나 조건, 심리 상태에 따라 사건 역시 변하기도 한다.

흔히 이야기 즉 스토리는 인식, 가공, 가치지향, 소통의 네 단계가 있다고 한다. 화자가 말하고자 하는 의도나 방향, 그리고 청자가 공감할 만한 소재를 청자 자신의 현실 상황에서 찾아내는 것을 인식이라 하는데, 텍스트를 이해하고 비평하기 위해서는 이야기를 읽는 독자 혹은 이야기를 보고 듣는 시청자가 전체 이야기의 흐름과 방향, 주제를 충분히 이해하여 찾아내야 할 중요한 요소이기도 하다. 그러한 작업이 어려운 이유는 화자 혹은 작가가 소재를 다양한 형태로 변형시켜 담기 때문이다. 그것이 가공이다. 가치지형은 가공의 과정에서 개연성과 논리성을 바탕으로 한 가치체계의 드러남 혹은 찾음에서 발생한다.

앞서 논의에서 독자 혹은 시청자의 적극적 참여 혹은 비평적 태도를 말하였는데. 스토리를 수용하는 과정에서 몰입, 공감, 논리적 사고를 바탕으로 한 분석과 평가가 이루어지게 된다. 그러한 일련의 과정을 숙지하고 각 요소에 대한 결과를 인식하고 그 결과들을 논리적으로 연결시키면서 총합시키는 실천행위가 요구된다. 지금 우리에게 요구되는 것은 그러한 적극적 인식과 실천 행위라는 것을 잊지 말아야 한다.

2) 신화와 인물, 신화의 현재성

신화는 주로 천지창조 신화 혹은 건국 신화가 대표적이며 신들의 이야기를 다루고 있다. 신화는 서사적 요소인 인물, 배경, 사건 등을 갖추고 있는, 서사문학의 원형이라고 할 수 있다. 동서양을 막론하고 신화는 신 혹은 신에 버금가는 영웅의 업적에 관한 이야기와 모험담을 다루고 있다. 즉 초월적인 능력을 지닌 신 혹은 신적인 영웅이 신화의 주인공으로 나타나 새로운 세계를 스스로 창조해내고 인간계에 천상계를 닮은 질서 체계를 구축하는 이야기가 신화의 주된 스토리라고 할 수 있다.

현재까지 서구를 넘어 전 세계 서사문학에 가장 큰 영향력을 발휘하고 있는 것은 그리스, 로마 신화와 기독교 구약성서를 바탕으로 한 서사일 것이다. 여기서는 기독교 구약성서에 나오는 이야기들을 종교적 차원이 아닌 서사문학의 형태로 접근하고 파악할 것이다. 그랬을 때 기독교 문화, 즉 헤브라이즘에 녹아 있는 신화는 헬레니즘 문화의 그리스 신화와 함께 마르지 않는 서사문학의 원형으로 평가할 수 있기 때문이다.

신화, 설화 등의 서사적 원형태를 갖추고 있는 서사문학은 구조상으로 보면 모험담과 흡사한 구조를 이루고 있는데 이는 공간적 이동뿐만 아니라 인물이 겪는 사건과 그 인물의 내적 변화와의 관계성 측면에서 보아도 모험담이라고 해도 크게 틀리지 않다. 모험담이란 무엇인가. 그것은 인물이 사건을 통해 변화되고 성장하면서 서사 출발 지점에서의 인물과 서사 마무리에서의 인물의 차이가 상승하는 양상을 드러내는 서사를 의미한다. 그렇게 보면 영웅 전설은 고대에 이미 확고한 구조와 의미를 갖추고 있었던 모험담, 즉 서사 텍스트라고 할 수 있는 것이다.

이것은 신화나 영웅 전설이 낯선 세계로 떠나는 모험담을 통해 출발,

입문, 귀환의 기본적인 플롯 양식을 갖추고 있다는 것을 말한다. 조셉 캠벨(Joseph Campbell)은 신화, 전설에서 나타나는 영웅의 모험담이 가장 원형적인 스토리라고 보았다.

그는 그리스 로마 신화뿐만 아니라 각 나라에 존재하는 신화나 지역 설화를 채집, 분석하여 그를 통해 그 모든 서사를 관통하는 하나의 공통된 이야기 패턴을 찾게 되었다. 캠벨은 신화나 민담에서 보이는 이야기의 전개 단계를 세 단계로 구분했는데, 첫째 세계로부터 분리로서 출발 둘째 힘의 원천에 대한 통찰로서 시련과 입문의 성공, 셋째 회귀와 사회와의 재통합으로서 귀환이 그것이다. 이를 다시 16단계로 정리하였는데, 그것이 곧 신화나 영웅 전설 서사의 공통적이면서도 특징적인 요소를 바탕으로 한 서사 모델이 되는 것이다. 캠벨의 16단계 서사모델에 대해 알아보자.[1]

첫 단계는 '일상세계'의 서사단계이다. 즉 특별세계와 대조되는 평범한 일상세계를 말하는데 그 세부 내용은 이야기는 주인공의 평범한 삶 속에서 시작된다. 이야기 속 세상은 사회적 질서체계 속에서 비교적 균형 잡힌 삶이지만 그 안에는 불안한 요소들이 내재되어 있다. 평범한 세계는 간결하게 주인공의 일상적 삶을 스케치하는 정도로 소개된다. 주인공은 외부의 어떠한 압박이나 삶의 변화요소 없이 무미건조한 삶이 간결하게 소개된다. 이러한 일상세계에서 이야기가 전개되는 것은 주인공의 일상적 삶의 모습들에서 수용자가 자신의 일상적 삶과 동일시할 수 있는 묘사와 영상 이미지로 구성된다. 가공의 이야기 속 세상과 수용자를 친밀하게 하는

1 조셉 캠벨, 이윤기 옮김, 『천의 얼굴을 가진 영웅』, 민음사, 2010, 7-14쪽 참조바람

것은 안정된 삶의 뒤에 모험의 감정적 요구를 불러일으키기 위한 기능을 담당한다.

두 번째 단계는 '모험의 부름'이라는 서사단계이다. 요약하면 '전령의 부름, 모험을 거부할 수 없는 불가피한 상황 또는 자발적 선택'이라 할 수 있다. 그 세부적 내용은 질서 잡힌 평범한 세계에 내재된 불안요소들이 가시적으로 드러나게 된다. 불안요소들은 주인공의 꿈이나 천재지변의 징후 등을 통해서 드러난다. 이야기 속 질서 잡힌 세계에 대한 힘의 균형이 파괴되는 현상을 전하는 메신저가 등장한다. 불안요소에 의해서 일상적 세계의 힘의 균형이 파괴되기 시작한다. 파괴된 일상세계 속에서 주인공은 자신을 둘러싼 소중한 것을 잃거나 부재된 상황을 통해서 힘의 균형을 직접 발견하고 모험에 대한 소명을 인식하게 된다.

세 번째 단계는 '부름의 거절'이라는 서사 단계이다. 즉 '두려움과 의심으로 인해 소명을 거절함'이 나타난다. 주인공이 현실상황에 대처하기 위한 행동의 필요성을 인지한다. 주인공이 당면한 현실의 문제에 대한 두려움과 의심으로 소명의 대답을 거절하고 현실 회피를 하려 한다.

네 번째 단계는 '초자연적 조언자와의 만남'으로, 지도하고 도와주는 멘토로서 조언자를 만나게 되는 과정이 그려진다. 주인공은 자신을 둘러싼 현실상황에서 회피하려고 하지만 그의 앞을 가로막는 걸림돌(사람과의 관계, 자신이 넘어설 수 없는 그 무엇)을 발견한다. 주인공은 자신 앞에 놓인 장애물을 제거하려는 행동을 취하려고 하지만 자신의 힘만으로 되지 않는 것을 느낀다. 주인공은 우연적 또는 필연적으로 조언자를 만나게 된다. 조언자는 주인공의 주변인물일 수도 있고, 주인공 자신이 직면한 문제와 관련된 사람일 수도 있다. 조언자는 초월적인 힘을 가진 인물일 수도 있고, 지극히 평범한 일상의 노인, 여자, 가족일 수도 있다. 조언자는 주인공이 모험에 대한 소명을 주인공과 관련된 과거의 일 또는 현실문제 해결을 위해 설득하고 권유한다. 그렇지 않을 경우 강제적으로 소명을 받아들이도록 한다. 주인공의 앞에 놓인 장애물은 조언자와의 만남을 통해 제거된다.

다섯 번째 서사단계는 '고래의 배'이다. '영웅으로서 능력을 입증하는 관문을 통과'하는 과정이 그려진다. 조언자의 조언을 통해 주인공은 드디어 자신에게 닥친 문제를 해결하기 위한 해법을 인지하고 자신이 해야 할 행동을 결정하고 시작한다. 그 해법은 주인공이 앞으로 문제를 해결하기 위한 자신의 일상 세계와 다른 세계, 즉 특별한 세계로 여정을 의미한다. 특별한 세계는 주인공이 경험하지 못한 세계, 무질서의 폭력이 난무하는 세계, 어떤 현상에 의해서 몰락한 세계, 초자연적인 현상이 존재하는 초현실적인 세계, 주인공 자신이 속한 사회적 신분 계층의 변화 등으로 표현될 수 있다. 주인공은 자신의 특별한 능력을 통해서 첫 번째 관문을 통과하게 되면, 전혀 다른 특별한 세계로 들어갈 수 있는 재생의 공간인 '고래의 배'로 들어가게 된다.(자격을 얻게 된다)

여섯 번째 서사 단계는 '테스트', 즉 시험을 거치며 동지를 만나게 된다. 특별한 세계에 들어온 주인공은 그 세계의 질서체계를 습득하게 된다. 주인공은 특별한 세계 속에서 어려움에 처하게 되고 그 세계 속에 살고 있는 사람들과 인연을 통해서 적과 동지를 만나게 된다. 특별한 세계에서 어려움을 극복하는 과정은 영웅이 되기 위한 통과의례이다. 이러한 시험을 통해서 주인공은 아군과 적군을 구별하고, 고립된 특별한 세계에서 살아남는 방법을 습득하게 된다. 이 단계에서 수용자는 이야기가 주인공에게 기대하는 것이 무엇인가를 인식하게 된다.

일곱 번째 서사 단계는 '여신과의 만남', 즉 영웅을 도와주는 여신과의 운명적 만남이 그려진다. 주인공의 내적 불안감의 근원 또는 모성에 대한 결핍은 어머니와 비슷한 형상의 여신을 만나게 된다. 여신과의 운명적인 만남은 주인공이 자신을 가로막고 있는 장애물을 제거하고 어떤 목적을 달성할 때, 주인공이 갖고 있는 특별한 능력을 발견하게 하고 그것을 발휘할 수 있도록 상징적으로 사건 해결의 열쇠를 제공해준다. 주인공의 무의식 속에 내재한 모성애에 대한 결핍은 여신과 만남을 통해서 죄책감과 두려움 등을 야기시켜 방황하게 만든다.

여덟 번째 단계는 '유혹'이다. 이 단계에서 영웅은 유혹하는 여인에게 미혹된다. 주인공이 갖는 모성애에 대한 결핍은 어느 매혹적인 여인의 유혹에 이끌리게 되는 요인으로 작용할 수 있다. 여인의 유혹은 주인공의 무의식 속에 자리 잡은 근원적, 내적 갈등을 성숙시키는 요인으로 작용한다. 여인의 등장인 주인공을 내적 성숙시키거나 장애물을 제거하는 도움을 주는 역할 또는 그 반대의 역할을 하기도 한다. 주인공이 여인의 유혹을 자신의 임무 수행에 대한 강력한 의지나 장애물을 제거하는 데 여인이 자신을 곤경에 빠뜨리게 한다는 것을 깨닫게 되면서 유혹을 물리치게 된다.

아홉 번째 '아버지의 보상' 서사단계이다. '아버지의 재현 존재에 단련되고 화해함'의 원형 맥락을 지니는데. 주인공은 아버지와 비슷한 형상의 사람을 만나게 된다. 그 캐릭터는 냉혹하고 엄격하다. 아버지와 비슷한 형상의 사람은 주인공이 영웅으로 성장할 수 있는지를 시험하게 되고 그에 따른 보상을 준다. 아버지와 화해하게 되면서 신적인 상태를 경험하는 신격화 단계로 접어든다. 이로써 영웅은 궁극적인 '홍익을 달성'하게 된다.

열 번째 서사단계는 '가장 깊은 동굴로의 접근'으로, '최종 목적지에 도착, 마지막 시련을 준비'한다. 6단계를 거치면서 특별한 세계를 경험한 주인공은 위기대처 능력과 자신감을 획득하여 최종적인 목적지에서 마지막 난관을 준비한다. 주인공은 난관을 극복하며 도전은 계속된다. 그 도전들은 더 어려워지고 극복하면 할수록 그 위험은 더 증가된다. 그러한 위험들에 의해 실패할 경우 그 대가는 극단적으로 치닫게 되고 주인공은 이전보다 더 특별한 위험에 직면하게 된다. 주인공은 최종 목적지로서의 가장 깊은 동굴(가장 큰 위험)에서 위험에 직면하게 되는데, 조언자의 격려와 동료의 도움으로 극복하게 된다. 캠벨은 이러한 가장 깊은 동굴의 상징을 주인공이 해결해야 할 가장 큰 위험으로 보고 이때 일반적인 신화의 구현이 발생한다고 하였다. 이 위험은 주인공의 내적 갈등이 동반되고, 그 갈등은 주인공의 무의식 속에 숨겨졌던 가장 약한 면과 갈등하고 투쟁하게 된다.

열한 번째 '호된 시련'의 서사 단계. '완전한 영웅이 되기 위한 최종의 시련'이다. 주인공은 마지막으로 가장 큰 난관과 직면하게 된다. 최종의 시련은 주인공이 최종적인 문제 해결을 위한 마지막 장애물이다. 최종의 시련은 반드시 주인공이 그것을 해결하여 받게 될 보상만을 의미하지 않는다. 플롯의 전개상 이 단계는 절정 직전의 대결상황이다.

열두 번째 '보상'의 서사단계. '모험의 완수에 대한 궁극의 성취와 보상'이 일어난다. 주인공이 마지막 시련을 극복하고 그에 따른 보상을 받게 된다. 주인공이 받는 보상은 최종적으로 주인공이 문제해결을 통해 받는 보상이 아닐 수도 있다. 다양한 신화 속에 등장하는 마술적 사실주의에 입각한 마법과 무기들이 언급되고 그것을 통해서 모험을 완수하게 된다. 주인공은 최종 모험의 장애물을 극복하고 자신의 목적을 달성한다.

열세 번째 '귀환의 거부' 서사단계이다. '원래의 일상세계로 복귀'를 말한다. 이 단계부터 플롯 전개는 간결하며, 완결되는 분위기로 급변한다. 주인공은 특별한 세계에서 얻은 특별한 능력에 대한 가치와 자신의 일상 세계로 돌아갈 것인가에 대해서 갈등한다. 주인공은 이런 갈등 상황에서 특별한 세계와 자신의 일상 세계를 연결시킬 수 있는 해결 방안을 찾게 된다.

열네 번째 '부활'의 서사단계이다. '귀환을 방해하는 최후의 시련과 재생'이 나타난다. 주인공이 일상 세계로 귀환하는 것을 방해받는 상황이 전개된다. 악당들이 만들어놓은 위협적인 함정에 빠지게 되고 그 함정 속에서 가장 위협적인 생사의 갈림길에 놓이게 된다. 주인공이 대처하는 것은 외부 세계의 악당과 결투 이외에 자신의 내적 욕망과도 갈등하고, 이러한 상충된 내부와 외부의 모든 적들을 물리쳐야 한다.

열다섯 번째, '영생의 귀환'이다. 즉 '치유의 영약을 가지고 세상으로 돌아옴'인데, 주인공의 모험 여정의 마지막 단계로써 여정을 통해서 얻은 정신적 성숙과 물질적인 것을 갖고 자신이 살고 있는 현실적 삶의 일상 세계로 귀환한다. 주인공의 귀환은 새로 짜인 사회질서 체계 속에서 그를 영웅으로 환대하는 사람들도 있지만, 그 사회질서 체계 속에서 살아남은 악당 또는 주변인들에 의해 또 다른 위협의 대상이 될 수도 있다. 이러한 귀환을 통해서 주인공은 특별한 세계에서 경험한 것들에 대한 일시적 회의감을 느낄 수도 있다.

마지막 열여섯 번째 단계는 '새로운 삶'이다. 즉 '이전과 달라진 삶, 새로운 여행 예비'를 의미한다. 주인공의 달라진 사회질서 체계 속에서 주인공 자신의 특별한 경험을 통해서 성숙된 모습으로 새로운 삶을 시작한다. 주인공이 사회질서 체계 속에서 적응할 수 없다는 회의감을

느끼면 새로운 여행을 준비한다.[2]

여기서 캠벨의 서사 모델을 발전시킨 크리스토퍼 보글러(Christopher Vogler)의 12단계 스토리 모델[3]과 스튜어트 보이틸라(Stuart Vpytilla)의 7가지 원형의 기능과 역할에 대해 소개하고 넘어가고자 한다.

---

2 영화감독인 조지 루카스George Lucas는 <스타워즈>시리즈의 시나리오를 창작하는 데 기본적인 서사틀로 캠벨의 서사모델을 이용했다. 스타워즈의 제1부 <새로운 희망>(1977)은 주인공 루크가 모험의 세계로 출발하는 과정을 그렸고 제2부 <제국의 역습>(1980)은 루크가 영웅이 되기 위한 입문의 과정을 그렸다. 제3부 <제다이의 귀환>(1983)은 루크가 제다이의 전사로 영웅이 되어 우주의 평화를 획득하게 되는 귀환의 과정을 그렸다.(한교경 지음,『문화원형의 스토리텔링 전략과 분석』, 북코리아, 2013, 165-167 참조바람)

3 크리스토퍼 보글러, 함춘성 옮김,『신화, 영웅 그리고 시나리오 쓰기』, 무수, 2005, 69쪽

구분	서사단계	서사의 맥락	플롯	적용	수용형태
제1막	일상세계	주인공의 평범한 일상세계를 보여준다.	개요	필수	주인공의 탐색
	모험의 소명	주인공이 모험에 대한 소명을 수용한다. 주인공은 새로운 목표를 찾기 위한 일상 세계를 떠나기로 결심한다. 모험의 소명이 항상 가치 있는 것은 아니다. 모험에 대한 소명이 인류의 구원일 수도 있고, 범죄의 유혹일 수도 있고 타락의 시작일 수도 있다.			
	소명의 거부	주인공이 소명을 거부한다		생략 가능	
	정신적 스승과의 만남	주인공이 일상 세계를 벗어나게 해주는 정신적 스승을 만난다.	전개		
	첫 관문의 통과	일상 세계와 낯선 세계를 구분 짓는 경계이다. 이 관문을 통과해야 주인공은 낯선 세계로 떠날 수 있다.		필수	제1막의 절정 제2막의 연결고리
제2막 (입문)	시험, 협력자, 적대자	주인공은 시험에 든다. 주인공이 능력을 인정받거나 작은 관문들을 통과하거나, 유혹의 이유가 더욱 분명해진다. 이 과정에서 조력자와 적대자가 명확해진다.			
	심연 가장 깊은 곳으로의 접근	시험의 대가로 주인공은 심연에 이르게 됨 심연의 형상은 대개 어두운 곳, 동굴 등은 자궁의 상징성을 갖는 죽음과 재생을 의미			
	시련	주인공에게 가장 극복하기 어려운 시험의 단계이다.	위기		제2막 요소의 통합 제2막의 첫번째 절정
	보상	심연을 통과하면 주인공은 어떤 보상을 얻게 된다.			
제3막 (귀환)	귀환의 길	그 보상을 통해 주인공은 귀환의 길로 들어설 수 있게 된다.			제2막의 두 번째 절정
	부활	주인공은 마지막 난관을 헤치고 원하던 영약을 가지고 일상 세계로 돌아오게 된다.			전체이야기의 최조 절정/해결
	영약을 가지고 귀환	주인공이 일상 세계를 떠나게 했던 목적을 이룬다. 주인공의 목적 달성을 통해 자신이 떠났던 일상 세계를 변화시킨다.			

스튜어트 보이틸라는 '영웅이 등장하지 않는 다양한 대중 영화 장르들에 캠벨의 원질신화와 보글러의 스토리 구조를 적용시킬 수 있는 대안을 제시'[4]한 것으로 평가받는다.

등장인물	기능과 역할
영웅(Hero)	외부 세계의 위협으로부터 자신이 속한 공동체(가족, 친구, 마을)을 구하기 위해서 또는 자신이 속한 공동체를 파괴한 외부 세력 또는 내부의 적에게 복수하기 위해서 모험을 떠난다. 공동체의 사람들 또는 여정을 통해서 만나는 선한 사람들에게 봉사하고 희생한다.
조언자(Mentor)	평범한 인간에서 영웅으로 성장할 수 있도록 신비한 능력 또는 모험 의지를 부여하고 이끌어주는 현자이다.
관문수호자 (Threshold Guardian)	주인공이 과업을 수행할 수 있는가 또는 영웅으로 성장할 수 있는가에 대해서 시험한다
전령(Herald)	주인공에게 모험의 소명을 전하는 존재로서 주인공이 어떤 난관에 처할 것에 대해서 암시적으로 경고하거나 과업 수행에 좀 더 적극적인 행위로 나아갈 수 있도록 자극을 준다
변신 자재자 (Shape Shifter)	자유자재로 변신하여 영웅을 혼란에 빠뜨리고 현혹시키는 동행자로서 사람일 수도 있고 초현실적 힘을 가진 동물일 수도 있다. 영웅의 과업에 이의를 제기하기도 하고 주인공을 속여서 주인공이 과업을 수행하는 데 어려움에 처하게 만들기도 한다.
그림자(Shadow)	영웅과 적대적인 관계로 영웅을 파멸시키려고 하는 그림자 같은 존재의 악당이다.
장난꾸러기(Trickster)	영웅이 과업을 수행하기 위한 여정에서 어려움을 극복하는 과정을 혼란스럽게 만들기도 하고, 주인공의 여정의 과정에 극을 희극적으로 해소시켜주는 감초 역할을 한다.

주의할 점은 신화나 영웅 서사의 이야기가 반드시 이러한 서사적 맥락으로 전개되는 것만은 아니라는 것이다. 또한 단계별 서사전개는 반

4 한교경 지음,『문화원형의 스토리텔링 전략과 분석』, 북코리아, 2013, 171쪽

드시 서사의 진행단계에 따른 순서에 관계없이, 효과적인 클라이맥스 즉 절정을 어떻게 마련하는 가에 대한 서사 맥락을 파악하는 데 도움을 준다는 사실을 기억할 필요가 있다.

2. 과제 생성 : 함께 이야기해보고 논의해보기

1) 그리스 신화의 오디세우스 이야기 분석해보기

그리스신화를 바탕으로 호머[5]가 쓴 위대한 서사시『일리아드오디세이』에 나오는 영웅, 오디세우스의 이야기를 해보도록 하자. 여기서는 로마시대의 작가 오비디우스의『변신이야기』에 나오는 이야기를 텍스트로 해서 간단히 줄거리를 알아본다.

우리가 잘 아는 호메로스(호머)의 <일리아드오디세이> 혹은 오비디우스의 <변신이야기>에 나오는 오디세우스는 호메로스에 따르면 라이르테스와 안티클레이아(파르나소스의 교활한 아우톨리코스의 딸)의 아들로 이타카의 왕이었으며 아내인 페넬로페와의 사이에 아들 텔레마코스를 낳았으며 트로이 전쟁에 참전하여 바로 트로이 목마라는 전술을 통해 트로이를 함락시키는 데 혁혁한 공을 세운 인물로 알려져 있다. 반면 10년 동안의 트로이 전쟁과 8년 동안의 방랑을 마치고 귀향하기까지의 과정 속에서 키르케, 칼립소 등 수많은 여자들과 애정 행각을 벌이면서 사생아들을 많이 낳았다고도 전해진다. 하지만 그는 신화에서 가장 인간다우면서도 영웅으로서의 면모를 지닌 인물로, 지혜·언변·지략·용기·인내를 지닌 대표적인 인물로 남아 있다.

오디세우스는 여행 혹은 신과 운명에 의해 기나긴 방랑을 거치면서

5 호메로스(Homeros)라고도 하는 호머는 고대 그리스의 유랑시인으로, 고대 서사시의 걸작 〈일리아드 Iliad〉·〈오디세이 Odyssey〉의 저자로 추정되는 인물로만 알려져 있고 자세한 사항은 알려진 바가 없다. 이 두 편의 서사시는 트로이 전쟁을 소재로 하고 있는데, 이 작품에 등장하는 아킬레우스와 오디세우스는 그리스 민족의 위대함을 표징하는 대표적인 영웅들이다. 창작 시기는 대략 기원전 8세기로 추정된다.

수많은 역경과 위기를 만나고 극복해나가는 인물로 그의 여정 자체는 인류의 모험을 대표하는 상징성을 지니고 있다. 따라서 지금도 끝없이 그의 서사는 되풀이되어 읽히고 재현되며 변형되어 새로운 서사로 나타난다.

호메로스의 <오디세이아>(혹은 오디세이)는 오디세우스가 트로이 전쟁을 승리로 마무리하고 그의 고향인 이타카로 돌아가 가정과 왕국을 되찾기까지의 모험을 그리고 있다. 전 24권으로 된 이 서사시에는 그가 목마를 이용해 트로이를 점령하는 장면도 자세히 그려져 있다. 제6~13권은 트로이에서 이타카로 가는 도중에 벌어지는 모험을 그리고 있다. 이타카로 돌아가는 도중에 벌어지는 모험담은 현재에도 각종 서사물에 등장하고 있으니 그것을 확인해 보는 것도 서양 문화와 문학, 그리고 현대 서사물을 이해하는 데 도움이 될 것이다.

간단히 줄거리를 살펴보자. 트로이 전쟁의 승리에 결정적인 역할을 한 오디세우스는 12척의 배에 전리품을 가득 싣고 부하들과 함께 고향 이티카를 향해 출발했다. 그런데 몇 달이면 족할 그 여정이 8년 이상 걸릴 줄은 전혀 예상하지 못했다.

고향으로 가는 도중 우선 트로이와 동맹을 맺었던 이스마로스 섬을 지나치게 되는데, 그는 거기에서 우연찮게 싸움에 말려들어 부하 몇을 잃고 만다. 이는 험난한 앞으로의 모험에 비하면 아무것도 아니었다. 다만 시작일 뿐이었다.

항해 도중 갑자기 휘몰아치는 폭풍우에 밀려 로토파고스라는 섬에 표류하게 된다. 거기에서 부하들은 먹으면 안 되는 열매를 먹게 되는데, 그것은 '로토스'라는 열매로, 일종의 환각 현상을 일으켜 기억을 잊게 하는 것이었다. 부하들은 고향으로 돌아가야 한다는 사실을 잊고 거기에 머물고자 하였다. 오디세우스는 겨우 그들을 강제로 배에 태우고 또 항해를 떠난다. 그렇지만 고난은 계속 된다.

며칠의 항해 끝에 겨우 한 섬에 정박하여 쉬게 되는데 거기엔 과일과 쉴 수 있는 동굴도 있었다. 그러나 그 동굴은 바다의 신, 포세이돈의 자손인 키클롭스들이 살고 있는 곳이었다. 키클롭스(Cyclops)라는 말은 '둥근 눈'이라는 뜻으로 커다란 몸집에 이마의 중앙에 눈이 하나 달린 괴물이었다. 그리고 이 동굴은 키클롭스 중의 한 명인 폴리페모스의 집이었다.

사냥을 갔다 돌아온 폴리페모스는 다짜고짜 오디세우스의 부하 몇 명을 먹어치우고는 잠이 들었고 다음날 아침 동굴을 나가면서 오디세우스 일행이 도망가지 못하도록 동굴 입구를 거대한 바위로 막아버리는 것이었다.

폴리페모스가 돌아오기 전에 오디세우스는 부하들에게 통나무 끝을 뾰족하게 깎게 하고 또한 포도주를 마련하여 그가 돌아왔을 때 포도주를 권하였다. 기분이 좋아진 폴리페모스는 오디세우스에게 이름을 물었는데, 오디세우스는 '우티스'라고 대답했다. 이는 영어로 하면 nobody 즉 '아무도 아니다'라는 뜻이었다. 오디세우스를 계략을 알지 못한 폴리페모스는 잠에 곯아 떨어졌고 이때 뾰족하게 깎아 놓은 통나무 끝을 불에 달구어 그대로 폴리페모스의 외눈에 박아버렸다. 거인 폴리페모스는 괴성을 지르며 난동질을 부리기 시작했고 주변에 사는 다른 키클롭스들이 와서 무슨 일이냐고 물었다. 폴리페모스는 계속 '우티스', '우티스'라고 외쳤다. 다른 키클롭스들은 '아무도 아니다'라는 그 말에 별 일 아니라고 생각하고 각자 떠나버렸다.

폴리페모스가 동굴 문을 열자 오디세우스와 부하들은 양들 배 밑에 몸을 숨기고 탈출을 했다. 폴리페모스는 양들의 등 위만 쓰다듬으며 오디세우스 일행이 도망가는지 확인을 했던 것이다.

그러나 오디세우스는 도망치는 배 위에서 너무 승리감에 도취된 나머지 큰 실수를 하고 마는데, 폴리페모스에게 자신의 이름이 오디세우스임을 밝히고 만 것이다. 이에 거인 키클롭스는 복수를 다짐하며 포세이돈에게 그를 죽이든지 험난한 항해를 하도록 해달라는 부탁을 하게 되고 그로 인해 오디세우스의 고난은 더욱 오래 지속되었던 것이다.

결국 포세이돈의 분노를 산 오디세우스 일행은 식인 거인들이 우글거리는 라이스트리곤 섬에 정박하게 되고 거기에서 그의 부하들 대부분을 잃는 참변을 당하게 된다. 이 일로 인해 그에게 남은 것은 단 한 척의 배뿐이었다.

이후 그는 이타카에 바로 들어가지 못하고 또 풍랑에 의해 낯선 섬에 들어가게 되는데 거기는 마녀 키르케가 사는 섬이었다. 여기에서 주색에 빠진 부하들이 마법에 의해 돼지로 변하게 되는데 오디세우스만이 헤르메스의 도움으로 위기를 모면한다. 그리고 오히려 키르케가 오디세우스를 좋아하게 되면서 부하들까지 다시 원래 인간으로 돌아오게 되고 새로운 항해를 떠나게 된다. 이때 키르케가 사이렌(세이렌)섬을 통과하는 방법을 알려주게 되는 것이다.(키르케는 '독수리'를 의미하는 마녀. 마술이나 저주에 뛰어나 전설의 섬 아이아이에에 오는 사람을 짐승으로 만들었다. 키르케는 오디세우스를 사랑하게 되어 함께 이 섬에서 1년간을 머물렀는데, 둘 사이에서 텔레고노스가 태어났다고 한다)

사이렌은 머리는 아름다운 여인의 모습이나 새의 몸을 가진, 아름다운 노랫소리로 지나가는 사람들을 홀려 노랫소리를 들은 사람들이 모두 미친 듯이 바다로 뛰어들게 만드는 괴물이었다. 오디세우스는 키르케가 가르쳐준 방법대로 부하들에게 밀랍으로 된 귀마개로 모두 귀를 막게 하였다. 하지만 호기심이 많은 오디세우스는 그 노랫소리가 너무나 궁금하여 자신은 귀마개를 하지 않고 대신 부하들을 시켜 자신을 돛대에

묶은 후 자신이 무슨 소리를 하든 절대 풀지 말라고 당부하고 사이렌 섬을 통과하게 된다.

무사히 사이렌 섬을 지난 후 이번에는 두 괴물이 양쪽에서 버티고 있는 해협을 지나가야만 했다. 한쪽 괴물은 머리가 여섯 마리 뱀이며 몸은 인간 여자의 모양을 한 괴물 스킬라였고, 맞은편에는 거대한 폭풍을 휘몰아치는 괴물 카리브디스였다. 힘겨운 사투 끝에 통과하지만 또 부하를 잃게 된다.

하지만 고난은 계속 되었다. 오디세우스는 마녀 키르케가 꼭 피해가라고 한 태양신 헬리오스의 섬을 지나게 되었는데, 이 섬에는 먹을 것이 풍부했기 때문에 그만 유혹에 넘어가고 말았다. 절대 먹을 것에 손을 대면 안 된다는 것을 잊고 오랫동안 굶주렸던 오디세우스와 부하들은 헬리오스의 과일들을 따먹어 버렸던 것이다. 이에 화가 난 헬리오스의 저주가 내려 오디세우스의 배는 파괴되고 부하들도 모두 죽고 말았다.

이렇게 혼자가 된 오디세우스는 부서진 배의 조각을 엮어 항해를 계속 했지만 또 폭풍우를 만나 표류하게 되고 요정 칼립소가 사는 섬에 닿게 된다. 오디세우스는 거기서 거의 7년을 머물며 행복한 나날을 보낸다, 하지만 그는 아내 페넬로페와 고향 이타카를 잊을 수 없었다.

트로이 십년 전쟁을 포함, 집을 떠난 지 거의 18년 만에 고향 이타카에 부하도 없이 남루한 거지가 되어 돌아온 오디세우스. 그러나 그의 충복과 아들은 그를 알아보았고, 그는 그들과 함께 아내 모르게 왕위를 되찾고자 준비를 하게 된다. 아내 옆에는 그의 자리를 노리는 100명 이상의 구혼자들이 호시탐탐 기회를 노리고 있었고 아내 페넬로페는 낮에 짠 카펫을 밤에 풀고 다시 낮에 짜는 일을 반복하면서 구혼자들을 속여 가까스로 시간을 끌고 있는 형편이었다.

마침내 왕위를 위한 시합이 벌어지고 거기에서 페넬로페는 오디세우스의 활을 당겨 도끼 사이를 통과하여 과녁을 맞히는 이에게 시집을 가겠노라는 제안을 한다. 그러나 아무도 그 활을 당기지 못하는 가운데 거지로 변장한 오디세우스가 그 활을 당겨 과녁을 맞추고 아들과 함께 구혼자들을 모두 죽이고 만다.

오디세우스임을 확신할 수 없었던 아내 페넬로페는 마지막 시험을 하게 되는데, 그것은 침대를 옮겨달라는 것이었다. 그러나 그 침대는 옮길 수 없는 것이었다. 오직 두 사람만이 그 사실을 알고 있었던 것을 떠올려 페넬로페는 그를 시험해본 것이었다. 아내의 의도를 알아챈 오디세우스는 답을 맞히고 마침내 두 사람은 감격적인 만남을 하게 된다.

위의 오디세우스 이야기를 캠벨의 서사 모델에 적용해서 분석해 보자.

2) 오디세우스와 모세(이집트의 왕자) 비교해보기

앞에서 그리스 로마 신화에 나오는 오디세우스 이야기를 알아보았다. 그로써 역사, 즉 이야기의 형태 중에서 가장 오래되고 지금까지 지속되는 구조를 알아볼 수 있었으며 영웅이라는 캐릭터의 특징과 시대의식을 살펴보았다. 서양의 정치, 문화, 예술 등 거의 모든 방면에서 가장 큰 토대를 이루고 있는 두 문화를 꼽으라면 그리스 로마 문화를 바탕으로 한 헬레니즘 문화와 기독교를 바탕으로 한 헤브라이즘 문화라고 할 것이다. 오디세우스가 그리스 로마 문화에서 가장 뚜렷한 한 영웅의 모습을 보인다고 한다면 기독교 특히 구약 시대를 대표하는 영웅을 들라면 모세를 꼽지 않을 수 없다.

모세 이야기는 종교적인 차원을 넘어서 서구 서사 문학의 역사에서 가장 많이 회자되고 지금까지 수많은 콘텐츠로 재생산되고 있는 대표적인 영웅 신화라고 할 수 있다. 모세 이야기를 새롭게 재현하거나 그에 바탕을 둔 현대 서사 텍스트를 찾아보는 것도 그래서 재미있고 의미 있는 작업이 될 수 있다.[6]

모세 이야기를 종교적 차원이 아닌 서사 문학의 한 텍스트로 접근해보자. 모세는 구약 성경에서 이스라엘 민족을 이집트(애굽)노예의 신분에서 해방시켜 그들을 이끌고 이집트를 탈출하였고 광야에서 방랑하는 동안 시나이산에서 하나님으로부터 십계라는 율법을 받아 이스라엘 민족에게 전해 준 인물이다. 아마 구약성경에서 가장 극적인 삶을 살았고 가장 대중적으로 많이 알려진 영웅이자 선지자, 지도자일 것이다.

6 십계(모세의 생애를 묘사한 영화,1956년작, 찰턴 헤스턴 주연)
이집트 왕자(모세의 생애를 묘사한 애니메이션,1998년작)
엑소더스 신들과 왕들(영화)(2014년작)

모세는 이스라엘 민족이 노예로 살고 있던 이집트에서 유대인 레위 가문의 아므람과 요케벳 사이에서 태어났다. 그의 형은 아론, 누나는 미리암이었다. 그런데 그가 태어날 즈음 이집트 파라오는 갓 태어난 히브리(유대인) 남자 아이들을 모두 죽이도록 하였다. 그러자 모세의 엄마와 누나는 그를 강물에 띄워 보내게 되고 그는 그를 건진 파라오의 딸에 의해 양육되었다. 모세는 강에서 건진 아이라는 뜻으로 파라오의 딸이 지어준 이름이었다. 그는 이집트의 왕자로서 남부러울 것 없이 자라나 부와 명예를 누렸으나 히브리인으로서의 운명을 저버릴 수는 없었다. 그가 마흔이 되었을 때 그는 히브리인들을 혹사시키는 이집트 감독을 죽이게 되고 그로 인해 그는 이집트와 가나안의 중간 지대인 미디안으로 피신하였다. 거기에서 그는 미디안의 종교 사제인 이드로의 딸 치포라와 결혼하여 아들 게르솜과 엘리에제르를 낳고 목동으로 살았다.

어느 날, 호렙 산의 엘모의 불(초자연현상)을 통해 하나님을 만나 이집트로 가서 민족을 해방시켜 가나안으로 가라는 소명을 받는다. 이집트로 가서 하나님의 기적을 통해 파라오의 고집을 꺾고 히브리 민족의 탈출(엑소더스)를 이루게 된다. 히브리 민족을 놓아주지 않으려는 파라오와 맞서 모세가 행한 기적은 강물이 피로 변하는 피 재앙, 개구리떼들이 출몰하는 재앙, 모기 재앙, 그리고 이집트 장남의 죽음 등 10가지 재앙으로 기록되어 있다. 가장 많이 알려진 기적은 굳이 기독교인이 아니더라 하더라도 귀에 익은 소위 모세의 기적이라고 일컫는 홍해의 기적일 것이다. 히브리 민족을 놓아주었지만 마음이 바뀌어 그들을 추격하여 몰살하려는 파라오의 명령에 의해 군대가 뒤를 쫓을 때에 홍해가 갈라져 히브리 민족이 건너게 되고 이를 보고 파라오의 군대 역시 갈라진 홍해를 건너는데 중도에 물이 차들어와 이집트 군대는 괴멸되고 만다.(이 바다가 지금의 홍해인지에 대해서는 논란이 있다고 한다.)

파라오의 억압에서 벗어나 자유인이 되었지만 히브리 민족은 쉽게 가나안 땅에 가지 못하고 40년간 광야를 헤매게 된다. 그러던 도중에 모세는 시나이 산에서 하나님으로부터 십계명을 포함한 율법을 받아 이스라엘 민족에게 전해주게 된다. 그러나 모세는 살아 생전 가나안 땅에 도착하지는 못했다. 그는 결국 예리코 맞은 편 모압 광야에서 120세의 생을 마감했다. 그는 가나안 땅에 가는 임무를 여호수아에게 맡기고 죽음을 맞이했던 것이다.

모세는 성경에서 하나님의 사람, 하나님의 종, 선택된 자로 일컬어지는데, 일반적인 영웅의 자질을 간단히 언급하자면, 겸손, 충실, 온유, 거룩, 예언자, 지도자, 하나님과 인간 사이의 중개자 등을 꼽을 수 있다.

오디세우스 이야기와 모세 이야기를 비교해보자.

1) 두 인물의 공통점과 차이점 (능력, 사명, 자질, 성격 등)
2) 이야기 구성 단계를 비교해보고 왜 그런 결과가 나오는지에 대해 함께 이야기해보자.
3) 고대 영웅 신화가 갖는 의미에 대해 이야기해보자.

3) <라이온 킹>의 서사 분석

1994년에 개봉되어 전 세계적으로 성공을 거둔 애니메이션 '라이온 킹'을 이야기해보자. 영화로 성공한 라이온 킹은 이후 뮤지컬로도 만들어져 지금도 전세계에서 공연되고 있다. 여기서는 라이온 킹의 서사에 집중해서 논의할 것이다.

우선 간단하게 줄거리를 정리하면 다음과 같다.

밀림의 왕인 무파사, 그는 용맹하고 지혜로우며 모든 동물들이 존경하는 그런 왕이다. 그런 그에게 왕위를 물려줄 아들이 태어나는데 그가 심바이다. 심바는 장난꾸러기이며 호기심이 많고 빨리 어른이 되고 싶어 안달이 나 있다. 그런 그를 이용하여 왕위를 뺏고자 하는 인물이 있었으니, 그는 바로 무파사의 동생 스카였다.

그는 언제나 형을 시기하고 왕위를 뺏기 위해 악당인 하이에나들과도 스스럼없이 손을 잡는, 야망에 가득찬 인물이다. 그는 심바를 이용하여 그를 위험에 빠트리고 그를 구하기 위해 나선 무파사는 결국 물소 떼들에 의해 사고사를 당하게 된다. 심바는 자신까지 죽이려는 스카를 피해 낯선 것으로 도망을 가게 되고 그 곳에서 욕심 없이 벌레를 먹으며 하루하루 만족하며 살아가는 티몬과 품바를 만나 지난 일을 잊고 평온하게 살아간다. 그것은 의식적으로 과거의 상처와 아버지의 죽음에 대한 죄책감에서 벗어나고자 하는 심바 자신의 내적 요구에 의한 일종의 도피 혹은 회피 작용의 결과라 볼 수 있다.

하지만 어릴 적 여자 친구 날라를 우연히 다시 만나 사랑의 감정을 느끼게 되고 날라를 통해 고향이 스카의 폭정에 얼마나 시달리고 황폐해졌는가에 대해 전해 듣게 되자 갈등에 빠지게 된다. 그저 모른 척하려고 하지만 주술사 원숭이 라피키의 충고와 외면하려고 했던 자신의 내면의 목소리, 즉 아버지의 깊은 뜻에 당당히 마주하면서 자신의 사명을 깨닫고 고향으로 돌아가게 된다.

다시 고향에 돌아온 심바는 어머니, 날라 등 암사자들과 힘을 합쳐 스카와 하이에나에 맞서 결전을 벌이게 된다. 결국 심바와의 결투에서 진 스카는 자신들 역시 스카에게 이용당했음을 알게 된 하이에나들에게 죽임을 당하고 원수를 갚은 심바는 다시 동물들의 왕이 되어 밀림의 평화를 가져오게 된다. 영화는 날라와 결혼한 심바가 새로운 아기 사자를 낳아 동물들의 축복을 받는 장면으로 마무리된다.

* 앞에서 오디세우스와 모세 이야기를 알아보았다. 두 고전 서사와 비교해서 라이온 킹의 이야기는 어떠한지 이야기해보자.

1) 주인공이 겪는 사건의 전개과정은 어떠한가?
2) 주인공의 자질, 능력, 사명은 어떠한가?
3) 결말을 비교해 볼 때 어떠한 차이 혹은 공통점을 찾을 수 있는가?

* 라이온 킹 이야기를 보고 의문이 나는 점이 있다면 무엇이 있는지 이야기해보자.

예) 라이온 킹에서 다른 동물들 즉 백성이라고 할 수 있는 동물들은 이야기 전체에서 어떤 역할을 하는가?
라이온 킹은 우화 즉 동물을 의인화한 이야기라고 할 수 있는데, 심바의 아버지 무파사가 물소 떼들에게 밟혀 죽을 때를 보면 그때 물소 떼는 의인화되어 있지 않고 그저 본능에 따르는 동물 그 자체인 듯 보인다. 이야기 전개를 위해서 그렇게 했다 하더라도 자기들의 왕을 무참히 밟아 죽이는 것은 너무 이치에 맞지 않는 전개는 아닌가?

4) 남성 영웅 중심의 서사(오디세우스, 모세, 라이온 킹)과 여성 서사(백설공주) 비교

우리는 서구 고전 서사의 대표적인 영웅 신화인 오디세우스 이야기와 모세 이야기를 살펴보았고 현대 서사 텍스트로서 대중적인 인기를 얻었던 라이온 킹의 서사를 함께 비교해보면서 가장 오래되고 익숙한 서사 구성 단계 및 주인공의 캐릭터에 대해 알아보았다. 여기에는 시대 의식과 당대 문화, 관습이 강하게 작용하고 있으며 오랫동안 지속되고 있음을 알 수 있었다.

그러면 오디세우스나 모세 이야기만큼 오래 되지는 않았으나 라이온 킹보다는 오래 된, 그리고 오히려 우리에게 어릴 때부터 더욱 익숙한 동화 〈백설공주〉라는 텍스트를 앞에서 살펴 본 이야기들과 비교해보도록 하자. 과연 우리는 이 작업에서 무엇을 볼 수 있으며 지금 우리 입장에서 어떤 생각을 할 수 있게 될 것인가.

백설 공주 이야기는 너무나 익숙한 동화라 굳이 줄거리를 이야기할 필요성이 있나 싶지만 간단히 요약해보도록 하자. 그림 형제의 백설 공주 이야기 줄거리는 다음과 같다. 한 왕국에 아름다운 왕비가 살았다. 그녀는 살결은 눈처럼 희고, 입술은 피처럼 붉었으며 머리카락은 흑단처럼 새까만 예쁜 딸을 낳았으나 그만 일년 만에 죽고 말았다. 사람들은 공주를 백설 공주라 불렀다. 백설 공주의 아버지, 왕은 새 왕비를 맞았다. 그녀는 아름다웠으나 자존심이 강하고 거만하며 자신보다 예쁜 여자가 있는 꼴은 눈뜨고 보지 못하는 고약한 성미를 지니고 있었다. 그녀에게는 진실을 말하는 마법의 거울이 있어 그녀는 수시로 거울이 '왕비님이 세상에서 제일 예쁩니다'라는 말을 들어야 안심하곤 했다.

그런데 백설 공주가 일곱 살이 되자 거울은 이제 백설 공주가 제일 예쁘다는 말을 하게 되고 그녀는 질투심으로 죽을 지경이 되었다. 그 질투심은 점점 더 커져 그녀는 참을 수 없는 지경이 되고 말았다. 그녀는 사냥꾼을 시켜 백설 공주를 숲 속에 데리고 가 죽여서 간과 허파를 증거로 가져 오라고 하였다.

백설 공주를 숲에 데리고는 갔으나 차마 죽일 수 없었던 사냥꾼은 어린 멧돼지를 잡아 그 간과 허파를 대신 가져가고 백설 공주를 도망치도록 해주었다. 도망친 백설 공주는 오갈 데가 없어 헤매다가 한 오두막을 발견하고 들어가 보았다. 거기에는 일곱 개의 접시와 숟가락, 일곱 개의 조그만 침대가 있었다. 그 집은 산에서 광물을 캐서 살아가는 일곱 난쟁이들의 집이었던 것이다. 그들의 집에 들어와 자신들의 음식을 먹고 잠들어 있는 백설 공주를 보자 그 아름다움에 반해 그녀를 내쫓지 못했고 그녀의 사연을 듣고 나서는 자신들의 집에 함께 살도록 해주었다. 그러면서 절대 낯선 사람을 집 안에 들여놓지 말라고 당부를 하였다.

한편 거울을 통해 백설 공주가 아직 살아있다는 사실을 알게 된 왕비는 떠돌이 장사꾼으로 변장하고 일곱 개의 산을 넘어 일곱 난쟁이의 집을 찾아가 백설 공주에게 코르셋 띠를 사도록 한 다음 코르셋 띠로 백설 공주를 졸라매 백설 공주가 숨이 막혀 쓰러지게 만들었다. 집에 돌아와 백설 공주를 발견한 난쟁이들이 재빠르게 코르셋 띠를 잘라버려 백설 공주는 겨우 숨을 쉴 수 있었다. 난쟁이들은 한 번 더 조심할 것을 당부하였다.

백설 공주를 죽이는 것이 실패한 것을 알게 된 왕비는 노파의 모습으로 변장하고 다시 찾아가 독 빗을 사게끔 백설 공주를 꼬드겼다. 또 왕비의 꼬임에 넘어간 백설 공주는 독이 든 빗으로 왕비가 머리를 빗겨주자 곧 정신을 잃고 쓰러졌다. 쓰러진 백설 공주를 발견한 난쟁이들이 겨우 독 빗을 찾아내 뽑아내자 백설 공주는 다시 살아날 수 있었다. 난쟁이들은 늘 조심하라고 신신당부를 하는 것이었다.

그러나 백설 공주가 살아 있음을 알게 된 왕비는 이번에는 새빨갛고 먹음직스럽게 생긴 독사과를 들고 찾아갔다. 경계하는 백설 공주를 보며 그녀는 독이 묻어 있지 않은 쪽을 먹으면서 백설 공주를 안심시키고는 독이 묻어 있는 다른 쪽 사과를 내밀었다. 백설 공주는 결국 그 사과를 한 입 깨물고는 쓰러지고 말았다. 집에 돌아와 쓰러진 백설 공주를 발견한 난쟁이들도 이번에는 그녀를 다시 살릴 수 있는 방법을 찾지 못했다. 그들은 아름다운 백설 공주를 땅에 묻을 수 없어 유리관을 만들어 그녀를 넣었다.

그러던 어느 날, 한 왕자가 숲 속에 왔다가 난쟁이 집에 방문하게 된다. 왕자는 백설 공주의 관을 보고 그 관을 자기에게 넘겨 줄 것을 난쟁이들에게 부탁하고 난쟁이들은 승낙하였다. 시종들을 시켜 관을 옮기던 중 관이 흔들리는 바람에 독 묻은 사과조각이 백설 공주의 목구멍에서 튀어나오고 그녀는 다시 살아나게 되었다. 다시 살아난 백설 공주를 본 왕자는 백설 공주를 사랑한다고 고백하고 아내가 되어 줄 것을 청하게 되고 백설 공주는 기쁜 마음으로 받아들인다.

두 사람의 결혼식에 초대된 왕비는 백설 공주를 알아보고 너무나 놀랐다. 그때 누군가가 석탄불로 뜨겁게 달군 쇠 신발을 부젓가락으로 집어 왕비의 발 앞에 내려놓았다. 왕비는 시뻘겋게 달아오른 신발을 신고 죽을 때까지 춤을 추어야만 했다.[7]

7 크리스치안 슈트리히 엮음. 타트야나 하우프트만 그림. 김재혁 옮김, 『세계의 동화』(현대문학)에 실려 있는 백설 공주 이야기를 요약한 것임을 밝힌다.

* 오디세우스, 모세, 라이온 킹 같은 남성 주인공의 이야기와 비교해 볼 때 백설 공주는 어떤 점에서 다르고 어떤 점에서 같은지 같이 논의하면서 분석해보자.

1) 주인공의 자질, 능력, 사명
2) 이야기의 전개 과정
3) 이야기의 결말이 갖는 의미

* 백설 공주를 통해 의문 나는 점이 있는지 논의해보자.

1) 백설 공주는 아름답다. 외모가 아름다우면 착한가?
백설 공주가 착하다면 그 이유는 무엇인가?
2) 동화를 보면 계모는 항상 악하게 나온다. 그 이유는 무엇이라고 생각하는가? 그리고 그것이 어린 아이들에게 교육적으로 올바르고 정당하다고 생각하는가?
3) 백설 공주의 교훈은 무엇인가? 이 동화가 해피엔딩이라면 이 동화에서 말하는 해피 즉 행복이란 무엇을 말하는가? 거기에 대해서 어떻게 생각하는가?

5) 모세(오디세우스) 이야기와 아기장수 설화 비교해보기

앞에서 서구의 고대 신화에 나타나는 영웅 이야기와 중세의 동화 이야기를 그 시대 의식과 의미를 알아보는 동시에 현재 관점에서 어떻게 바라볼 수 있는지에 대해 함께 생각해 보았다. 이제 색다른 영웅 이야기를 접할 필요가 있다. 그 다른 영웅 이야기는 우리나라 거의 전 지역에 남아 있는 아기장수 설화이다. 조사에 따르면 여타 전설처럼 한 지역에만 특수하게 전승되어 오는 것이 아니라 거의 전국 전 지역[8]에 조금씩 변이요소를 담고 있지만 존재하고 있다는 것이다. 이는 아기장수 설화 속에 우리 민족 혹은 민중의 보편적 시대의식, 소망, 세계관이 담겨 있다는 점을 시사한다.

김수업은 아기장수 이야기가 수백 개의 다양한 유형을 이루고 있는데, 그 다양한 유형들이 다시 여러 개의 작은 이야기 무리를 이루고 그 이야기 무리는 다시 계열이라 부를 수 있는 큰 이야기 무리를 이루면서 다층적 구조의 체계를 형성하여 존재하고 있다고 하였다. 그는 최상층 계열을 두 개로 분류했는데, 날개가 난 신이(神異)한 아기를 세상이 용납하지 않아 부모가 죽이고 나니까 용마가 나타나 울부짖고 죽었다는 이야기가 핵심인 계열인 '날개 계열'과 신이한 능력을 지닌 아기가 신체적 불구로써 자신을 감추고 있었는데 어머니의 배반으로 탐색자들에게 발각되어 파멸한다는 '불구 계열'이 그것이다.[9] 이를 단락과 화소로 더 세분화하고 있지만 기본적으로 아기장수 설화는 신이한 출생, 갈등, 위기,

8 김수업(『아기장수 이야기 연구』, 경북대학교 국어국문학과 박사논문, 1994)에 따르면 경기도 13, 강원도 38, 충청북도 5, 충청남도 5, 전라북도 16, 전라남도 14, 경상북도 38, 경상남도 54, 제주도 22, 황해도 3, 평안남도 1, 평안북도 3, 함경남도 1편으로 전체 213편이 된다고 한다.

9 김수업, 앞의 책, 214쪽 참조바람

지상에서의 좌절로 볼 수 있다.

이 아기장수 설화를 소설 「광장」으로 유명한 최인훈이 희곡으로 만들어 발표한 작품이 「옛날 옛적에 훠어이 훠이」[10]이다. 그는 이 작품으로 1977년 한국연극영화예술상 희곡상을 수상하였다. 여기서는 최인훈의 희곡을 텍스트로 하여 간단하게 줄거리를 알아본다.

만삭의 몸인 아내와 가진 것 없는 가난한 남편은 선량한 백성이 도적이 될 수밖에 없는 흉흉한 세상을 한탄도 하고 두려워도 하며 겨우겨우 살아간다. 만삭임에도 제대로 먹을 게 없어 굶다시피 하는 아내를 보며 남편은 가슴 아파하지만 뾰족한 수가 없다. 그저 관가에 불을 지르고 곡간을 훔쳐간 도적떼 중에 누군가 잡혀서 관가 앞에 목이 매달렸더라는 이야기를 전해준다. 그런데 그 도적이 다름 아닌 작년에 소금을 팔러 다니던 소금장수더라는 것이다. 그저 배불리 먹을 수 있는 평안한 세상이 되기를 바랄 뿐이다.

봄이 되어 아이가 태어난다. 그때 불러주는 자장가는 이 이야기의 시대상을 잘 보여준다.

우리애기 착한애기
젖안먹고 크는애기
보채면서 자란애기
흉년들면 도적되지

도적되면 넓은세상
오도갈데 없어지고

10 이 희곡은 1978년 유현목 감독에 의해 동명 제목으로 영화화되었다. 백일섭, 정희 주연.

관가기둥 높은곳에
잘린토막 머리되어

까막까치 쪼아대면
엄마아파 나아파
우는신세 되는신세
아이무서 다른애기
우리애기 아닌애기

어느 날, 아기 엄마는 옆집 사는 개똥어멈으로부터 이상한 이야기를 전해 듣는다. 밤에 뒷산에서 용마가 우는 소리가 들린다는 것이다. 그것은 장수가 태어났다는 것을 의미한다. 즉 장수가 태어나면 용마도 따라서 태어난다는 것이다. 그 장수는 몸에 비늘이 돋아 있고 겨드랑이에는 날개가 붙어 있다는 것이다. 그런데 문제는 장수가 태어나면 장수는 물론이고 부모까지 다 죽고 마을도 쑥대밭이 되고 만다는 것이다. 실제로 예전에 장수가 태어난 고을에 관군이 쳐들어가 마을에 불을 질러 다 태워버렸다는 것이다. 관가에서는 용마가 울면 장수가 태어난 것이니 그 고을에 갓난애부터 열 살 안쪽의 아이 중에 유별난 데가 있는 아이는 다 잡아 올린다는 것이다.

젊은 부부의 불안감은 더욱 깊어진다. 그러던 어느 날, 아내는 방에서 인기척이 나는 것을 느끼고 방안을 들여다보곤 너무 놀라 엉덩방아를 찧으며 마당으로 굴러 떨어진다. 그 방안에는 갓 태어나 누워 있어야 할 아기는 없고 걸어 다니는 애가 보였던 것이다. 아내는 남편이 돌아올 때까지 기다렸다가 남편에게 큰 일이 났음을 알린다. 남편 역시 두려운 마음을 안고 방안을 들여다보곤 아내와 마찬가지로 소스라치게 놀란다.

아이는 방 안에서 문고리를 흔들어대다가 '내 말!'이라고 외친다. 결국 결심을 한 듯 남편은 아내를 뿌리치고 방으로 들어가 아이를 죽이고 자루에 담아 어디엔가 갔다 온다.

다음날 새벽, 관가 앞에 효수된 아들의 목이라고 갖고 와 묻어주겠다던 할멈이 아들을 찾았다며 지나간다. 남편은 보이지 않는 아내를 찾다가 대들보에 목을 맨 아내를 발견한다. 그 역시 끌러낸 띠를 대들보에 건다. 이때 용마를 탄 아기가 나타나 어머니와 아버지를 태우고 하늘로 올라간다. 포졸들과 마을 사람들이 도착했을 때 그들은 용마를 타고 하늘로 올라가는 세 사람을 보게 된다. 마을 사람들은 그 세 사람을 향해 소리 지른다. 하늘로 가거든 옥황상제께 다시는 우리 마을에 장수를 보내지 말라고 전해달라고. 그리고 외친다. 훠어이 다시는 오지 마라, 훠어이 훠이

* 모세 이야기와 아기장수 이야기를 비교해보자.

1) 주인공의 캐릭터 분석 : 출생, 고난, 성장, 사명
2) 이야기 전개 과정을 서사 모델에 비추어 분석, 비교해보자.
3) 모세 이야기와 아기장수 이야기의 공통점과 차이점을 정리해보고 왜 그런 결과가 나왔는지 함께 논의해보자.

6) 근대인의 초상, 김첨지 - 현진건의 「운수 좋은 날」

이제 우리가 소설(novel)이라고 부르는 근대에 나타난 서사 텍스트의 한 인물에 대해 다가갈 차례다. 2학년, 3학년, 4학년에 진급하면서 전공 과목인 <근현대 문학사>, <현대소설론>, <작가론>, <소설텍스트 읽기>, <비평론> 등을 배우게 될 것이고 그때 보다 심도 깊게 이론적으로 학습하게 될 것이라는 것은 이미 머리말에서 밝힌 바 있다. '소설'이라는 용어의 역사와 서사문학이라는 상위 개념과의 관계 역시 배우게 될 것이다.

앞에서 여러 텍스트를 인물과 시대 상황, 그리고 현재적 관점에서의 이해를 바탕으로 살펴보았는데 그 연장선상에서 우리나라 근대 소설 한 편을 마지막으로 읽어보고 앞의 텍스트들과 함께 종합적으로 고찰해보고자 한다.

학생들이 중고등학교 시절, 굳이 국문학을 전공하고자 하는 학생이 아니래도 읽고 배웠을 현진건의 <운수 좋은 날>을 논의의 대상으로 해서 살펴보고자 한다. 현진건은 1900년에 출생하여 1943년 44세의 나이로 사망할 때까지 우리나라 근대 문학의 가장 뛰어난 단편 소설 작가이자 언론인으로 활동했다. 특히 1920년대 그가 발표한 작품들, 「빈처」, 「술 권하는 사회」, 「사립정신병원장」, 「타락자」, 그리고 「고향」 같은 작품은 단편 소설이 이룰 수 있는 최고의 성취를 보여줌과 동시에 인간과 시대, 사회에 대한 작가의 애정과 비판 정신을 보여주는 걸작들이라 할 수 있다. 특히 언론인으로서 1936년 베를린 올림픽에서 일장기를 달고 뛰어 우승했던 손기정 선수의 사진을 일장기를 지우고 신문에 실어 민족혼을 일깨우려고 했던 사건은 그의 민족의식과 확고한 신념을 보여주는 사건이라 할 것이다.

소설 「운수 좋은 날」은 구성과 문체, 아이러니 수법, 날카로운 사회 비판의식 등으로 인해 특히 그의 소설 중 백미로 꼽히는 작품이다. 줄거리는 간단하다. 서울에서 인력거꾼으로 살아가는 김 첨지라는 인물의 하루를 아주 냉정하게 객관적으로 사실적으로 그리고 있다. 하지만 거기에는 김 첨지 같은 하층민에 대한 애정과 지식인으로서의 책임의식, 그리고 냉혈한 사회에 대한 비판 의식이 짙게 배어 있다.

김첨지는 출산 후 병을 얻어 앓고 있는 아내와 어린 자식을 두고 비오는 날 한 푼이라도 벌기 위해 집을 나선다. 오늘따라 기분이 안 좋다며 옆에 있어주기를 간청하는 아내에 대해 괜히 타박을 하며 집을 나선 김 첨지는 예상과는 달리 비오는 날씨임에도 불구하고 연이어 손님이 타는 바람에 기분이 좋아진다. 그러면서도 뭔가 불안한 마음을 떨치지 못하는데, 그것은 오랜만에 돈푼이나 벌어 기분 좋은 김에 한잔하자는 친구와 함께 술을 마시면서도 쉽게 사라지지 않는다.

그렇게 설렁탕을 먹고 싶다던 아내의 말을 떠올리며 설렁탕을 사들고 집에 간 김 첨지는 그만 주저앉고 만다. 이미 아내는 싸늘한 시체가 되어 있었던 것이다. 아내의 주검을 앞에 두고 김 첨지는 고함을 지르며 대성통곡을 한다. '어쩐지 운이 좋더라니…'라고 되뇌이면서.

* 김첨지와 앞에서 살펴 본 오디세우스, 모세, 라이온킹, 더 나아가 백설공주를 비교했을 때 어떤 점이 다르며 왜 그렇게 주인공의 변화가 일어났다고 생각하는지 같이 이야기해보자.
* 구성 단계적인 측면에서 앞에서 살펴 본 작품들과 공통점 혹은 차이점이 있는지 알아보고 어떤 점이 더 이 작품을 새롭게 보게 하는지 생각해보자.
* 결말이 앞에서 살펴 본 작품들과 달리 해피엔딩이 아닌 이유에 대해서 같이 이야기해보자.

II

편견 찾기와 편견 깨기

새롭고 올바른 서사를 위한 실천

1. 새롭게 보고 올바르게 생각하기

시대에 따라서, 그 시대의 정치적 혹은 문화적 관습이나 도덕적 기준에 따라 인간의 삶은 규정되고 그것에 대한 순응 혹은 저항 그리고 보다 나은 삶에 대한 소망이 서사 문학에 담기게 된다. 따라서 문학 작품, 서사를 대할 때 중요한 점은 서사가 담고 있는 시대와 그 시대에 살았던 사람들의 인식과 사회적 규범 등에 대한 포괄적이고 총체적인 이해가 수반되어야 한다는 것이다. 더 나아가 지금 본인이 살고 있는 시대 인식에 대한 자기 성찰과 이해, 옳고 그름에 대한 올바른 판단 역시 스스로 갖추어야 한다. 즉 서사 문학을 읽고 감상하고 더 나아가 새로운 서사를 창작하는 일에는 형식적인 문학 장치에 대한 이론적 학습도 물론 중요하다. 하지만 각 시대가 안고 있었던 편견을 읽어낼 수 있는 안목과 자신이 갖고 있는 편견에 대한 냉정한 자기 검열과 그를 극복하기 위한 노력, 보다 올바른 사회 인식, 세계관, 타인을 대하는 태도에 대한 부단한 노력이 함께 이루어져야 한다.

그리스는 인류 역사상 직접 민주 정치가 이루어진 시대라고 알고 있고 사실이지만 그것은 소수의 시민, 즉 그리스 남자 성인들에 의한, 그들을 위한, 그들의 정치였다. 그 시대는 계급사회였으며 남녀 차별적인 남성 우월주의가 진리로 인식되던 불평등 사회였고, 외국인 역시 참정권을 가질 수 없고 차별을 받는 사회였다. 그러한 점을 우리가 인식하고 그리스 로마 신화를 읽었을 때 우리는 새로운 깨달음과 인식을 가지게 될 것이다. 그것은 이제 신분에 의한 차별, 인종에 의한 차별, 남녀 성별에 따른 성적 차별은 부당하며 비인간적이라는 인식을 우리가 갖고 있기 때문에 가능한 것이다.

자연 법칙은 변하지 않으나(경험론적 관점이나 귀납법의 함정은 차치하고) 사회적 인식, 삶에 대한 태도는 시대에 따라 변하고 그 변함은 보다 나은, 그리고 올바른 인식을 깨닫고 실천하고자 하는 우리 인간들에 의해 이루어졌으며 긍정적인 방향으로 발전해 왔다. 그러나 여전히 우리 사회에는 우리 스스로도 모르는, 인식하지 못하고 판단하고 행동하는 기준이 되는 편견이 자리 잡고 있다. 한 시대를 살아가고 한 사회 속에서 사랑하고 실패하고 좌절하는 인간들의 삶을 그려온 서사 문학을 전공으로 공부하고 나아가 새로운 서사 문학을 생산해내는 창작자로 살아가고자 하는 주체들이 그러한 인식을 갖지 못하면 제대로 된, 올바른 서사 문학은 성취해낼 수 없다.

올바른 문학은 거짓의 진리, 억압적이고 폭력적인 그러나 사회적 용인 속에서 이루어지는 편견을 발견하고 타인들로 하여금 깨닫게 하고 함께 극복하면서 새로운 전망을 제공해야 하는 의무가 있다. 올바른 문학은 거짓된 사회적 이념과 그를 진리인 양 속이는 거짓의 문학과 싸우는 것이 사명이자 책임이라는 것을 잊어서는 안 된다.

조선 시대 남존여비(男尊女卑)는 진리였고 당연한 도리였다. 그것이 지금 올바르다고 생각하는 사람은 없을 것이다. 그러나 아직도 몸에 배어 있는 그 습속대로 행동하는 사람들, 남자뿐만 아니라 여자 역시 존재한다. 여전히 길은 멀다.

어린이에 대한 관점도 상당히 문제적이다. 고대 그리스, 로마 시대에는 어린이를 권리와 책임을 지닌 미래의 시민, 가족의 일원으로 보았지만 오히려 중세에 들어서면서 어린이는 잘못된 종교적 관점에 의해 부당하게 취급당했다. 즉 어린이를 원죄의 흔적을 갖고 태어난, 선천적으로 타락한 존재라고 여겼다. 따라서 양육은 어린이로부터 원죄를 씻겨내는 것이기 때문에 엄격해야만 한다고 생각했다. 어린이의 요구는 들어주어서도 안 되며 노동과 훈육을 위해서는 육체적 체벌도 하는 것이 올바른 것이라고 여겼다. 심지어 아이가 기쁘게 뛰어 노는 것조차 금지해야 한다고 생각했다. 중세 이후에도 그러한 생각은 그리 달라지지 않았다. 어린이는 어른과 같은 완전한 책임을 기대할 수 없는 나약한 존재라고 생각했던 것이다.

서구에서도 그렇고 우리나라에서도 근대 초기까지 어린이는 한 인간으로 취급되지 않았다. 미성숙한 인간 이하의 존재였던 것이다. 동양에서 근대 이전까지 성인이 되기 이전의 어린이, 청소년에 대한 인식은 보이지 않는다. 어린이에 대한 권리보다는 해야 할 일, 즉 훈육과 의무를 교육시키는 수준에 머물고 있는 것이다. 여기서 한 가지 더 지적할 점은 어떤 대상, 혹은 사회적 인식이 시대에 따라 순차적으로 긍정적인 방향으로 발전하는 것만은 아니라는 사실이다. 문학을 대하는 데 있어서 인간과 사회에 대한 보다 깊이 있고 다각적인 이해가 필요한 이유도 바로 거기에 있다.

장애인 역시 근대 이후에도 오랫동안 사회적 차별 인식의 희생자였다. 장애는 하늘이 내린 천벌이며 따라서 장애인은 사회로부터 격리되거나 처벌되어야 하는 존재로 취급당했다. 지금 우리 사회는 과연 장애인에 대한 올바른 인식이 충분히 성숙되어 실천되고 있는가. 진지하게 생각해 보아야 할 일이다.

남자와 여자의 관계를 어떻게 이해하고 스스로 정리할 것인가. 어른과 아이, 장애인과 비장애인, 그리고 인종 차별에 대한 인식, 성적 소수자에 대한 판단 등 아직도 여전히 문제적인 사회적 인식, 관습, 도덕적, 법적 기준이 산적해 있다. 끊임없이 우리가 읽고 생각하고 논의하고 소통하면서 보다 올바른 가치와 이념, 인간다운 삶에 대한 기준에 대해 수정하고 규정하고 단단히 새기고 실천해야 한다. 그래야 이 사회에, 인간에 대해 예의 있고 도움이 되고 결국 자기를 온전하고도 참되게, 행복하게 살 수 있도록 문학을 통해서 공유하고 실천하는 문학인이 될 수 있는 것이다. 그 길은 저 먼 어디, 딴 곳에 있지 않다.

인류 역사상 '모든 인간은 평등하다'라는 인식이 행동으로 나타나고 법적으로 보장받게 된 것은 겨우 2백년 남짓이다. 몇 천 년 동안 인간은 계급차별, 인종차별, 종교차별, 지역차별, 성차별적 사회를 유지하고 강화시켜 왔으니 그 편견과 도그마가 얼마나 뿌리 깊은지 알아야 한다. 자유, 평등 박애를 외치면서 왕정 봉건제에 맞섰던 프랑스 혁명도 1789년이었으며 왕정체제인 영국으로부터의 독립을 통해 국민으로서의 평등권을 외쳤던 미국 혁명[11]도 1776년이었다. 비록 일본에 의한 타율적 근대화였지만, 우리나라에서 법적으로 신분체가 철폐된 것은 1894년 갑오경장이 공표되면서였다. 여성이 남성과 동등하게 참정권을 법적으로 인정받은 것 역시 19세기 말, 20세기 초에 이르러서였다.[12] 하지만 습속적으

11 "우리는 다음과 같은 사실을 분명한 진리라고 믿는다. 즉, 모든 사람은 평등하게 태어났으며, 창조주로부터 생명, 자유, 행복의 추구를 포함하여 타인에게 양도할 수 없는 확실한 권리를 부여받았다. 이 권리들을 지키기 위해 사람들 사이에 정부가 만들어졌으며, 이 정부의 정당한 권력은 통치를 받는 사람들의 동의로부터 나온다. 만일 어떠한 형태의 정부이든 이러한 권리들을 침해한다면, 사람들은 그 정부의 형태를 바꾸거나 폐지하고, 인간의 안전과 행복을 가장 잘 이룩할 수 있는 원칙에 기초를 둔 새로운 정부를 조직하는 것이 국민의 권리이다." - 독립 선언문 (1776. 7. 4.) -

12 영국에서는 1867년의 제2차 개정(도시근로자와 소시민에게도 선거권이 인정됨)을 비롯하여 1884~1969년에 이루어진 수차례의 개정을 통해 여성투표권을 포함한 완전한 보통선거제가 확립되었다. 영국이나 미국보다 먼저 뉴질랜드(1893에서 이루어졌으며, 이후 오스트레일리아(1902) · 핀란드(1906) · 노르웨이(1913) 등에서 여성들은 전국선거의 투표권을 획득하게 되었다. 그리고 여성의 투표권이 인정되었다. 소비에트 러시아(1917), 캐나다(1918), 독일 · 오스트리아 · 폴란드 · 체코슬로바키아(1919), 미국 · 헝가리(1920), 영국(1918, 1928), 미얀마(1922), 에콰도르(1929), 남아프리카 공화국(1930),

로 신분제에 대한 편견과 차별이 없어진 것은 언제인가? 지금도 계속되는 것은 아닌가? 자본주의에서의 또 다른 형태로 말이다. 소위 '갑질'이라는 끔찍한 형태가 바로 그것의 증거가 아니겠는가?

중세에 벌어졌던 마녀 재판은 물론이거니와 근대 이후에도 인류 역사는 계급, 인종, 종교, 지역 차별에 따른 수많은 전쟁과 학살로 얼룩져 있다. 나치의 유대인 학살(홀로코스트), 일본의 우리나라 식민지배 과정에서 벌어졌던 수많은 악행들, 그리고 지금도 도쿄 한복판에서 벌어지고 있는 혐한 시위와 재일 동포에 대한 억압과 폭력, 소련 스탈린에 의해 시행되었던, 우리 민족 이주민 역사 가운데 가장 끔찍한 비극으로 일컬어지는 연해주 고려인의 강제 이주 정책은 우리 민족에게는 뼈아픈, 잊어서는 안 될 비극이자 상처이다.

그렇다면 우리는 타 민족 혹은 타인에 대해 차별적이지 않은가? 다수의 외국인들이 우리나라가 세계에서 가장 인종차별이 심한 나라라고 말하고 있다고 한다. 그래서 누구는 다문화라는 말 자체에 대해 거부감을 가지기도 하고 동포라는 미명하에 벌어지는 차별과 폭력 속에서 한국 민족임을 속이는 경우까지 발생하고 있다. '다문화 가정'이라는 말을 들으면 어떤 이미지가, 누구의 모습이 떠오르는가? 조선족하면 어떤 이미

브라질 · 우루과이 · 타이(1932), 터키 · 쿠바(1934), 필리핀(1937)이 뒤를 이었고 제2차 세계대전 직후 프랑스 · 이탈리아 · 루마니아 · 유고슬라비아 · 중국에서도 여성의 선거권이 인정되었다. 1949년 인도 헌법에 여성의 완전선거권(full suffrage)이 규정되었고, 파키스탄에서는 1956년 전국선거에서 여성의 완전투표권이 인정되었다. 스위스에서는 1971년에 연방선거와 대부분의 주 선거에서 여성의 선거권이 인정되었고, 시리아에서는 1973년에 여성의 성인선거권이 인정되었다. 그러나 페르시아 만 주변의 보수적인 아랍 국가들에서는 여전히 여성의 선거권이 인정되지 않고 있다. 1952년에 채택된 여성의 참정권에 관한 국제연합(UN) 총회 의결에는 "여성은 남성과 동등한 조건으로 아무런 차별 없이 모든 선거에서 선거권을 갖는다"고 규정되어 있다.

지가 떠오르며, 탈북민하면 어떤 생각이 드는가? 우리는 차별적 의식에서 자유로운가? 우리는 지역, 계층, 인종, 젠더적 측면에서 차별적 의식을 갖고 있지 않은가? 경제적 차별, 언어적 차별에서 자유로운가?

이제 우리는 이해의 단계를 넘어 분석하고 판단하고 재창조하는 작업을 간단해보이지만 오히려 그래서 더 정치적인 함의를 품고 있으며 다양한 토론거리를 갖고 있는 우화 혹은 동화를 통해 해볼 것이다.

홍성욱 교수의 다음과 같은 지적은 이번 과제를 하는 데 있어 염두에 둘 만하다. 그는 '잡종'을 좋아한다고 하면서 잡종이라는 존재의 창조성에 대해 깊은 관심을 보인다. 그런데 여기에서 그의 논의 중 일부를 끌어들이는 이유는 그가 잡종에 대한 지금까지의 편견과 잡종에 대한 새로운 인식, 즉 잡종 자체의 창조성과 잡종에 대한 편견의 극복을 위해 우리가 잘 아는 이솝 우화의 박쥐 이야기를 하고 있기 때문이다.

이제 우리 사회에 다문화 가정은 쉽게 볼 수 있다. 그럼에도 우리 사회에서 예전에 경멸을 담은 '튀기'라는 단어로 부르고 불렸던 혼혈아에 대한 인식은 잡종이라는 단어가 풍기는 비우호적이고 배타적인 인식과 함께 여전히 차별이라는 인식의 토대 위에 놓여 있는 것이 사실이다. 그는 우리 사회에 존재하는 소위 잡종에 대한 편견에 대해 이야기하면서 새롭게 생각해볼 화제(話題)로 박쥐 이야기를 꺼낸다.

잡종이란 말이 주는 어감에서 느낄 수 있듯이 사람들은 잡종을 천한 것으로, 되어서는 안 될 것으로 여겨왔다. 길짐승과 날짐승의 세계를 넘나들다가 결국 양쪽 모두에서 배척받은 박쥐의 이야기가 잡종의 부도덕성과 그로 인한 몰락을 잘 암시하고 있다. (중략)

생물학적인 의미에서 박쥐는 물론 잡종이 아니다. 박쥐는 알이 아닌 새끼를 낳고, 젖을 먹이는 포유류이다. 이 박쥐가 길짐승의 집단에 속하지 못한 이유는 단지 새처럼 날아다녔기 때문이다. 원래 이야기에선 박쥐가 길짐승과 날짐승의 세계를 이간질하는 것으로 묘사되지만, 이야기를 조금 바꿔서 길짐승들과 날짐승들이 서로 말이 안 통하는 어떤 상황에 직면했고, 이런 상태에서 일촉즉발의 전쟁 상황까지 이르렀으며, 누군가가 싸움을 막기 위해선 두 집단을 중재해야 한다고 가정해보자. 이런 상황에서 최적의 중재자는 두 집단의 언어와 문화를 다 이해할 수 있는 존재, 두 집단의 성향을 반반씩 섞어서 가지고 있는 존재, 즉 바로 박쥐같은 존재가 될 것이다.

우리 주변에서 수많은 집단이 다른 집단과 '의사소통의 어려움'을 겪고 있으며, 이로 인해 많은 크고 작은 갈등과 싸움이 유발되고 있다. 50년이 넘게 서로 자신의 이념과 체제가 더 바람직하다고 하는 남한과 북한을 비롯, 서구 문화와 비서구 문화, 제국과 식민지, 제1세계와 제3세계, 중심과 주변, 자본가와 노동자, 남성과 여성, 기성세대와 신세대, 맑스주의자와 자유주의자, 이성연애자와 동성연애자, 낙태 찬성론자와 반대론자, 구조주의자와 해체주의자, IQ가 유전된다고 믿는 과학자와 이에 반대하는 과학자 , 역사에 법칙이 있다고 믿는 사학자와 그렇지 않다고 생각하는 사학자, 사회과학이 자연과학화(수학화)되어야 한다고 생각하는 사회과학자와 이에 반대하는 사람… 이러한 의사소통의 어려움에서 기인한 갈등을 해결하는 방법엔 크게 두 가지가 있을 수 있다. 하나는 한 사회나 집단의 이론과 문화가 다른 대상에 비해 더 우월하다는 합의를 만들어내고 이를 바탕으로 둘 사이의 위계를 세우는 방법이요, 두 번째는 이 대립하는 공간들의 경계선에 서로의 얘기가 뚫고 들어갈 구멍을 내거나 둘을 매개하는 새로운 잡종 공간을 만들어 이들의 경계를 모호하게 함으로써 대립을 완화하는 방법이다. (중략)

단순화의 위험을 무릅쓰고 얘기하자면, 첫째 방법은 전쟁·혁명·투쟁을 필연으로 하는 근대적인 방법이고, 두 번째 방법은 대화·번역(translation)·공생을 가정으로 하는 탈근대의 기본이다.[13]

이런 시각을 갖고 고민하는 것은 그리 어렵지 않다. 우리가 조금만 기존의 관습이나 선입견, 가치관을 떠나 새롭게 타인과 상황과 세계를 보려고 한다면 얼마든지 가능한 것이다. 그리고 이러한 새롭고 창의적이며 올바른 정치적 인식과 시각은 이제 선택이 아니라 필수적인 자질이고 함양해야 할 품성이라고 할 것이다.

13 홍성욱 통신 에세이, 『잡종, 새로운 문화읽기』, 창작과비평사, 1998, 233-234쪽

2. 동화(우화)의 패러디를 통한 올바른 인식 찾기

여우들이 모여 사는 한 마을에 어느 날 두루미 가족이 이사를 왔습니다. 여우들은 새를 본 적은 있어도 같이 살아본 적은 없었기에 자기들과 다른 모습에 적잖이 당황했지만 그렇다고 자기들과 다르다고 해서 안 좋은 편견이나 선입견을 가지고 있지는 않았습니다. 다만 호기심이 많다보니 두루미 가족이 어떻게 사는지 알고 싶었고 사이좋게 지내면 자기들과 다른 동물에 대해서 더 잘 알 수도 있고 함께 더 좋은 마을을 만들 수도 있겠다 싶었습니다.

그래서 그 마을의 대표자 여우가 두루미 가족을 저녁 식사에 초대하고 싶다고 두루미 아빠에게 말하였습니다. 안 그래도 두루미 역시 낯선 곳에 와서 어떻게 잘 적응할 수 있을까 걱정하고 있었는데 여우가 먼저 초대해주니 고마워서 반갑게 초대에 응하겠다고 말했습니다. 여우는 막상 초대를 하고 보니 두루미가 무엇을 좋아할지 잘 모른다는 사실을 알았습니다. 그렇다고 막상 물어보기도 서먹하고 해서 정성껏 자신들이 좋아하는 음식들로 준비를 하였습니다.

초대한 그날이 왔습니다. 두루미 가족도 화려하지는 않으나 깨끗하고 소박한 모습으로 여우의 집을 방문하였고 여우 역시 두루미 가족이 부담을 가지지 않도록 친절하되 과하지 않게 안내를 했고 다 같이 저녁 식탁에 둘러앉았습니다.

정성껏 준비했으나 어떨지 모르겠다고 말을 꺼내며 여우 부부는 음식을 내왔습니다. 그런데 음식을 차리며 두루미 가족을 보니 어쩔 줄 몰라 하는 표정으로 안절부절 하는 것이었습니다. 여우 부부는 자신들이 무엇을 잘 못 했나 싶어 당황하기 시작했고 점점 더 어두워지는 두루미 가족의 표정 앞에 어떻게 해야 할지 난감해졌습니다. 여우는 답을 찾기 위해서는 문제를 알아야 한다고 생각하고 무례하지 않게 두루미 아빠에게 물었습니다.

"뭐가 불편한가요? 저희들이 실수했거나 잘 못 한 것이 있으면 편하게 말씀하세요. 우리 서로 아직 잘 모르니 아마 뭔가 저희들이 실수한 것이 있을 지도 모르겠다는 생각이 드네요." 여우가 부드러운 얼굴로 친절하게 말을 꺼내자 그제야 두루미 아빠도 어려운 말을 꺼내는 듯 조심하는 표정으로 잠시 있다가 웃으며 말을 꺼냈습니다.

"여우들은 길짐승이고 저희들은 날짐승이고 함께 어울려 지낸 적이 없다 보니 서로 모르는 것이 많은 것 같아요. 보시다시피 저희는 손대신 날개가 있고 입도 부리가 있어서 여우들이 사용하는 납작한 접시에 더구나 거기에 담긴 스프는 먹기가 어려워요. 스프라면 넓으면서도 좀 깊은 그릇이 좋구요. 부리로 쪼아먹을 수 있는 음식이 저희에겐 맞답니다. 정성껏 마련해주셨는데 죄송하네요."

여우는 그제야 미리 묻지 못했음을 사과하면서 이해를 바랐고 두루미 역시 흔쾌히 이해해주었습니다. 두루미 아이들은 자기 집으로 가서 자신들이 사용하는 그릇을 가져와 여우 가족이 준비해 놓은 음식을 맛나게 먹었습니다. 식사를 같이 하면서 서로의 다른 점에 대해서 많은 이야기를 나누었고 그러면서 서로에 대해 많이 알게 되면서 사이좋은 이웃이 될 수 있다는 믿음이 생겼답니다. 그 후 또 다른 두루미 가족들도 이사 오고 다른 동물들도 차차 모이면서 이 마을은 다양한 가족이 모여 사는 화목한 다문화마을이 되었답니다.[14]

14 이호규·김용하·유창민·정윤희·정혜경·최미현·최중호 지음, 『이공계를 위한 논리적 사유와 글쓰기』, 도서출판 비움, 2018, 47-48쪽

앞에 이야기는 우리가 잘 아는 어떤 우화를 다시 써본 것이다. 어떤 이야기가 떠오르는가?

* 위의 이야기와 원작과 비교해서 어떤 점이 어떻게 달라졌는지 이야기해보고 그렇게 바꾼 작자의 의도에 대해 토론을 해보자. 본인은 어떻게 생각하는지, 다른 친구들과 함께 이야기해보고 공감 가는 부분이 있다면 왜 그런지, 혹시 다른 의견이 있거나 동의할 수 없는 부분이 있다면 또한 왜 그런지 같이 이야기해보자.

토끼와 거북이의 달리기 시합을 다룬 <토끼와 거북이> 이야기를 삐딱하게 읽어보자. 우선 질문할 것이 있다. <토끼와 거북이> 이야기의 주제 혹은 교훈은 무엇인가? 미리 삐딱하게 생각하려고 하지 말고, 가장 먼저 떠오르는 생각을 쉽게 자연스럽게 이야기해보자.

다시 묻는다. 토끼와 거북이의 교훈은 무엇인가? 근면, 성실하면 끝내는 성공할 수 있다? 대개 이렇게 생각하고 있으리라 짐작된다. 그러면 이 이야기의 주인공은 누가 되는가? 당연히 거북이가 되어야 한다. '되어야 한다'라는 점에 주목하자.

거북이가 주인공이면 토끼는 당연히 주인공을 괴롭히는 악당이 된다. 맞는가? 그렇다면 토끼가 잘못한 것은 무엇인가? 이 점이 중요한데, 거기에 대해서는 깊이 생각해보지 않았을 것이다.

다른 질문을 해보자. 토끼가 주인공이 될 수는 없는가? 만약에 누군가 이 우화를 읽고 '아무리 자신 있는 일을 하더라도 자만하지 말고 끝까지 최선을 다해야 한다'라는 깨달음을 얻었다고 하자. 최선을 다해야 한다라는 것이 거북이에게만 해당하는 것일까? 자만하고 끝까지 최선을 다하지 않은 주체는 토끼이다. 그 누군가는 토끼의 관점에서 읽었던 것이다. 토끼에게도 최선을 다해야 한다는 교훈은 적용되는 것이다. 그러면 이 우화는 주인공이 거북이일까, 토끼일까? 질문을 바꾼다면 여러분은 이 우화를 읽으면서 거북이에게 자신을 투영시켰나 아니면 토끼에게 더 감정이입이 되었는가? 이렇게 보면 이 우화는 간단하게 읽히지 않는다는 사실을 알게 된다. 가장 중요한 문제는 이 우화는 누구에게 무엇을 말하고자 하는 것인가라는 답을 찾아야만 하는데, 그 과정이 쉽지 않다는 것이다. 하지만 그 과정을 우리 스스로 찾아 지도를 만들고 길을 떠나 경험하는 가운데 우리는 우리가 세상을 어떻게 바라보고 있었는지,

앞으로 어떻게 생각하며 무엇을 해야 할 것인지를 알게 된다.

자, 이제 함께 생각해보기 위해 간단히 정리해보자. 거북이도 주인공이 될 수 있고 토끼도 주인공이 될 수 있다면 이 동화는 모순에 빠진다. 거북이도 끝까지 최선을 다하고 토끼도 자만하지 않고 최선을 다한다면 이 동화의 결말은 어떻게 될까? 끝까지 성실하게 밀고 나간 거북이도 승리 혹은 성공을 해야 하고 자만하지 않고 끝까지 달린 토끼도 이겨야 한다. 거북이도 이기고 토끼도 이기는 결말이 과연 가능할까? 거북이의 우승은 과연 거북이의 노력만으로 가능할까? 가능한 것이었을까? 토끼가 자만에 빠져 낮잠을 자거나 하는 그런 토끼가 아니라 이길 줄 아는 경기임에도 최선을 다하는 성실한 토끼라면 어땠을까?

생각해보자

* 거북이가 주인공이고 토끼가 악당이라면, 토끼가 잘못한 것은 무엇일까? 토끼가 악당인 이유는 무엇이며 정당한가?

* 토끼가 제안한 시합이 부당하다면, 왜 거북이는 그런 시합에 동의하고 경기를 했는가?

* 토끼와 거북이의 시합을 지켜 본 다른 동물들에 대해서 우리는 어떤 생각을 할 수 있을까?

* 토끼와 거북이 이야기를 현대 사회에 적용했을 때, 우리는 어떻게 이해해야 할까? 이 시대의 토끼와 거북이는 과연 누구일까?

* 토끼와 거북이 이야기를 새롭게 바꾼다면 어떻게 바꿀 수 있을까?

* 우리에게 익숙한 우화나 동화 한 편을 골라 올바르게 패러디해보자.[15] (예를 들어 선녀와 나무꾼, 백설공주, 신데렐라, 콩쥐와 팥쥐, 개미와 베짱이 등)

15 참고하면 좋은 책, 제임스 핀 가너 지음/ 김석희 옮김, 『정치적으로 올바른 베드타임 스토리』, 실천문학사, 1996

3. 영화를 통해 편견과 차별 생각해보기

<안토니아스 라인>(Antonia's Line)의 뜻은 안토니아의 가계(家系)라는 뜻이다. 즉 이 영화는 안토니아와 그의 후손들의 이야기이다. 원제목은 그냥 <안토니아>(Antonia)이며 네델란드, 벨기에, 영국 합작 영화이다. 감독은 여성 감독 마를린 호리스이다.

이 영화의 시공간적 배경은 2차 세계 대전이 끝난 직후 네덜란드의 한 시골마을이다. 어릴 때 고향을 떠났던 안토니아는 어머니의 임종을 지키기 위해 열여섯 살 된 딸, 다니엘을 데리고 고향에 돌아오는 것이 영화의 시작이다.

어머니의 장례를 치르고 딸 다니엘과 고향에 정착하게 되는 안토니아. 그런데 영화에서는 안토니아가 도시에서 어떻게 살았는지 전혀 언급이 없다. 미혼모인지, 아니면 남편이 죽었는지, 다니엘의 아빠에 대해서 아무런 설명도 없다. 고향에 돌아온 안토니아는 마을과 좀 떨어진 외딴 농장에서 다니엘과 조용히 농사를 지으며 살아간다.

그렇지만 자연스럽게 안토니아 주변에 사람들이 모이기 시작한다. 어릴 적 친구이자 지금은 산파 겸 장의사, 카페 주인으로 살고 있는 올가는 물론이고 마을의 외톨이이자 지적 장애인으로 마을 사람들에 의해 무시를 당하며 그저 무보수 노동에 이용되는 미친 입술은 편견 없이 자신을 보아주고 감싸주는 안토니아 곁에 머물게 되고, 폭력적이고 억압적인 가부장적 가정에서 학대를 당하다 친오빠 피터에게 성폭력을 당한 디디 역시 다니엘의 도움으로 안토니아 집에서 같이 살게 되며 다른 마을 출신으로 가부장적인 마을 남자들과는 달리 온건한 농부 바스와 그의 아들들도 안토니아 가족들과 유대관계를 맺게 된다. 천성적으로 자유로운 영혼을 지닌 탓에 교회에서 적응하지 못하고 파계한 신부와 임신이 최고의 행복이라 여기는 레타라는 여인 또한 개방적이고 평등하고 함께 힘을 모아 살아가는 안토니아 집에 같이 살게 된다.

이 외에도 이 영화에는 종교적 차이로 인해 생전 서로 사랑하는 마음을 고백하지 못하고 위 아래층에서 살면서 외롭게 살다간 신교도 남자와 구교도 여자 마돈나, 그리고 은둔 철학가인 크룩핑거 같은 인물이 등장한다.

이러한 인물들의 이야기를 중심으로 이 영화는 우리에게 놀라우면서도 외면할 수 없는 문제를 던져준다. 우선 안토니아의 딸 다니엘은 결혼을 하지 않고 아이만 갖고 싶다는 자기 생각을 안토니아에게 밝히는데 안토니아는 그런 딸의 뜻을 존중해 도시로 나가 레타의 도움으로 딸이 임신할 수 있도록 해준다. 그렇게 해서 다니엘은 자발적 미혼모가 되어 딸 테레사를 낳게 된다. 딸 테레사가 천재임을 알게 되고 테레사의 담임 여교사와 상담하던 중 다니엘과 테레사의 담임 라라는 자연스럽게 사랑을 하게 된다. 즉 동성애 커플이 되어 함께 살게 되는데 여기에 대해서 안토니아 집에 모여 함께 살아가는 모두 자연스럽게 받아들인다.

안토니아 역시 오랫동안 친분만을 유지해 온 농부 바스와 결혼은 하지 않되 연인으로 지내게 되고, 테레사 역시 결혼은 하지 않고 어린 시절부터 함께 자라온 레타의 아들 시몬 사이에서 딸 사라를 낳는다.

다 함께 농사를 지으며 공동체 생활을 하는 가운데 다니엘은 그림을 그리게 되고, 테레사는 수학과 음악에 천재성을 보이며 교수로서, 작곡가로서 활동하고 사라는 이후 작가가 되었음을 영화 마지막에서 보여준다.

하지만 갈등과 위기 혹은 비극 또한 영화는 보여준다. 여동생을 강간

한 댓가로 고향을 떠났던 피터가 돌아와 미성년자인 테레사를 강간하게 되고 안토니아는 그를 죽이는 대신 저주를 퍼붓는다. 피터는 오히려 유산 문제로 갈등을 빚고 있던 동생에게 죽임을 당한다.

염세주의자로서, 그러나 테레사의 가장 친한 벗이자 스승이었던 크룩핑거는 결국 자살을 하게 되고 많은 사람들이 죽음을 맞이한다. 그러나 세상은 여전히 삶을 품은 채 돌아간다. 영화 마지막에서 안토니아는 사랑하는 사람들에 둘러싸인 채 평온한 죽음을 맞이하게 된다.

토론해 보자

* <안토니아스 라인>에서 감독이 우리에게 제시하는 차별과 편견은 어떤 것들이 있는지 찾아보고 그러한 감독의 생각에 동의하는지 이야기해보자.

* 위에서 찾아낸 영화 속에서의 편견과 차별을 구분해서 각 주제별로 토론해보자.(토론 주제 예시)

1. '여성의 적(敵)은 남성이 아니라 남성중심주의이다'라는 말에 대해 이야기해보자.
2. 결혼(법적으로 인정받는 결혼)은 필요한가? 필요하다면 왜인가?
3. 우리 사회에서 미혼모는 어떻게 인식되는가?
4. 포괄적으로 말해서 사랑의 필요충분조건은 무엇이라고 생각하는가? (구체적으로 결혼의 필요충분조건이라고 해도 무방하다)
5. 우리 사회에 장애인에 대한 차별은 존재하는가? 한다면 어떤 사례가 있으며 극복되어야 한다면 그 방법은 무엇일까?
6. 동성애에 대해 부정적 시각이 존재한다고 생각하는가? 그리고 그것은 편견이 아니라 올바른 인식이라고 생각하는가? 아니면 동성애에 대한 사회적 편견이 존재하며 차별을 받고 있다고 생각하는가?
7. 올바른 가족의 조건은 무엇이라고 생각하는가? 안토니아를 중심으로 모인 공동체를 가족이라고 할 수 있는가?

* 우리 사회에 존재하는 차별이나 편견을 다룬 영화에는 무엇이 있는지 조사해보고 한 편의 영화를 골라 토론해보자.

III

현대 소설 읽기

1. 문학을 바라보는 관점

옛날이야기에 장님 코끼리 만지기식이라는 이야기가 있다. 몇 명의 장님(이제는 시각장애인으로 부르는 것이 맞다)을 데리고 가 코끼리를 각자 만지게 했다. 그런 다음 돌아와서 각 시각장애인들에게 코끼리는 어떻게 생긴 동물이더냐고 물어 보았다. 코끼리의 다리만 만지고 온 한 사람은 기둥과 같다고 했고 코를 만지고 온 다른 사람은 뱀 같다고 했고 등짝을 만지고 온 사람은 벽 같다고 했다는 이야기이다. 시각장애인들이 기둥, 뱀, 벽 등을 몰랐다면 어떻게 표현했을까 라는 문제는 또 다른 재미있는 상상과 논의를 이끌어내는 문제이지만, 여기서 중요한 점은 각 시각장애인의 말은 맞으면서도 틀리다, 아니 정확하지 않다는 점이다. 분명 부분적으로 맞다고 할 수 있을 것이다. 각 부분에 대한 각 사람들의 판단이 틀렸다는 것을 지적하는 것이 중요한 것이 아니라 그것들을 모아 전체적으로 파악해야 한다는 인식, 그리고 그렇게 할 수 있는 판단과 능력, 그 결과를 통해 온전한 코끼리의 모습을 그려낼 수 있는 것이 중요한 것이다.

문학이란 무엇인가를 말하기는 어렵다. 아직 그 누구도 분명히 문학이란 무엇인가에 대해 총합적으로 말한 사람은 없다고 할 수 있다. 우리가 현재 할 수 있는 일은 문학이란 무엇인가라는 관념을 먼저 정립하려고하기 보다는 실제 우리가 파악할 수 있는 것, 즉 문학을 이루는 요소 혹은 조건은 무엇인가를 명확히 하는 것이다. 그리고 그 각각의 부분 혹은 우물을 파고 들어가 서로 연결되게 하고 같이 흐르게 해서 문학이라는 하나의 호수 혹은 바다에 이르는 길을 만들어 가보는 것이다.

다음 문제를 보면서 논의를 진행해보도록 한다.

시 한 편을 보자.

나그네

박목월

강(江)나루 건너서
밀밭 길을

구름에 달 가듯이
가는 나그네

길은 외줄기
남도(南道) 삼 백리(三百里)

술 익는 마을마다
타는 저녁놀

구름에 달 가듯이
가는 나그네

유명한 박목월의 <나그네>라는 시이다. 이 시를 대상으로 해서 수능에 출제되었던 문제를 함께 살펴보자. 원래 문제를 조금 바꾸어 다음과 같이 묻겠다. 답이 무엇인지 말해보자. 문제는 다섯 가지 제시된 내용 중에서 다른 것과 관점이 다른 것을 고르는 것이다.

① 이 시는 일제 강점기에 쓴 작품이라고 한다. 그런데 농촌이 수탈된 마당에 술 익는 마을이 어디 있었겠어?

② 그건 지나친 지적이야. 그 당시 시인은 아마 생활이 어려웠을 거야. 나그네처럼 먼 길을 힘들게 걷다가 노을이 찾아오고, 술도 한 잔 하고 싶고, 그 허무한 마음을 표현한 것 아닐까?

③ 술과 노을이라…그거 이미지가 썩 잘 어울리는데. 밀밭 길이 주는 느낌과도 통하면서.

④ 그래도 그렇지, 외줄기 길이 삼백 리나 이어지는 게 어디 있어? 구름에 달이 간다는 것도 사실은 말이 안 되지.

⑤ 그런 걸 상상이라 하는 거야. 그나저나 나도 이 시의 나그네처럼 여행이나 떠났으면 좋겠다.

자, 답은 몇 번일까? 쉽게 맞힐 수 있을 것이다. 답은 ③번이다.

그러면 ③번과 다른 번호와 차이점이 무엇일까? 이것 또한 잘 알고 있을 것이다. ③번은 시를 내재적 관점에서 본 것이고 다른 것은 외재적 관점에서 본 것이기 때문에 답이 ③번이 되는 것이다.

이 문제를 제시한 것은 이미 이 수업을 듣는 학생들은 매우 중요한 문학 이론을 갖고 있다는 것을 확인시켜 주기 위한 것이다. 문학을 연구하는 가장 오래되고 보편화된 상위의 방법은 문학의 배경, 그것의 환경, 그것의 외재적인 근거들을 통해 이해하는 것이다. 이러한 관점을 우리는 외재적 관점이라 한다. 모든 역사, 환경적 요인들이 예술 작품을 형성한다는 생각에서 출발하고 있는 외재적 관점은 문학을 한 작가 즉 한 특정한 창조가의 창조물이라고 간주하고 따라서 문학은 작가의 전기와 심리

학을 통해서 연구해야 한다고 보는 하나의 경향이 있다. 또한 인간의 제도적 생활, 즉 경제적, 사회적, 정치적 환경들과의 관계를 통해 문학 창작의 결정적 요인들을 찾으려고 하는 경향도 있다. 또 다른 경향은 관념들, 신학, 그리고 그밖의 다른 예술들 등의 역사와 같은, 인간 정신의 집단적인 결과물에서 문학에 대한 인과적 해명을 탐구하는 것이다. 이러한 관점이 모두 외재적 관점이라고 할 수 있다.

반면 내재적 관점은 시의 경우, 시 자체의 꼼꼼한 분석을 통해 그 시가 가지고 있는 미학적 특질에만 관심을 두고 분석한다든가 소설의 경우도 소설을 작가, 혹은 사회적 구조와 관계를 맺는 양상을 염두에 두고 분석하는 것이 아니라 그것의 예술적 방법들, 예를 들면 시점이나 서술의 기법 등에 주목해서 작품을 분석하는 경향을 말한다. 아울러 예술 작품을 특수한 미학적 목적에 이바지하는, 기호들의 전반적인 체계 혹은 기호들의 구조로 바라보고 그 형식적 특징을 찾아내어 거기에 기반 하여 작품을 분석하고 그 결과로 문학성을 찾아내려는 연구 방법도 내재적 관점에서 비롯된 것이다.

그러면 여기에서 외재적 관점에 속하지만 조금씩 다른 경향이 존재함을 앞의 내용에서 알 수 있었다. 내재적 관점과 외재적 관점이라는 두 가지 관점을 세분화하여 비평가 에이브럼즈(M.H.Abrams)는 네 가지 관점을 제시했는데, 그것이 표현론적 관점, 모방론적(반영론적) 관점, 효용론적 관점, 존재론적(절대론적) 관점이다.

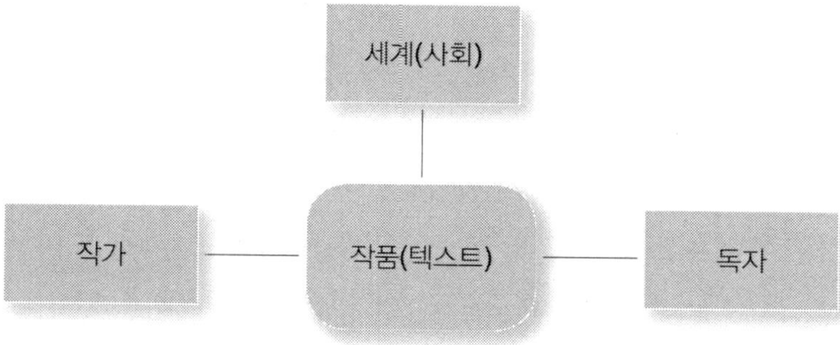

위의 표를 보면서 에이브럼즈의 네 가지 관점에 대해 간단히 알아보자. 표현론적 관점은 작가와 작품과의 관계를 바탕으로 하고 있다. 즉 작품은 작가의 창조력에 의해 만들어진 것이라는 생각을 바탕으로 하고 있는 관점으로, 작품에는 작가의 사상, 정서, 세계관 등이 '표현'되어 있다고 보는 것이다. 이러한 관점에서 출발한 비평 방법이 작가의 전기를 바탕으로 연구하는 역사 전기(傳記) 비평 방법과 심리분석 비평방법이 있다.

모방론적 관점은 문학을 바라보는 가장 오래된 관점이라고 할 수 있는데, 이는 플라톤과 아리스토텔레스의 논의까지 거슬러 올라간다. 모방은 말 그대로 '진짜를 베끼는 것' 혹은 '가짜인데 진짜 같은' 의미를 갖고 있다. 플라톤은 문학이 진리(이데아)를 이차 모방한 것으로, 진리에서 그만큼 멀어지고 따라서 가짜이기 때문에 사람들에게 해롭다고 보았다. 즉 이성이 아닌 감정에 기댐으로써 사람들을 현혹시킨다는 것이다. 이에 대해 아리스토텔레스는 <시학>을 통해, 모방하는 것은 인간의 인간만이 갖는 속성이라고 보면서, 문학은 가짜이나 오히려 역사보다 더 진실을 드러낸다고 보았다. 즉 문학은 '있음직한 것'을 통해 '있었으면 하는 것'까지 보여준다는 것이다. 여기서 개연성과 허구성의 개념이 도출되며 이어 설명하겠지만 효용론적 관점까지 보여주고 있는 것이다. 실제 있는 현실을 비록 허구이나 진실에 가깝게 그려냄으로써 현실의 진실을 파악하게 만들고 더 나아가 보다 나은 세계에 대한 진리(전망)에 가까워지게 한다는 것이다. 이러한 모방론은 작품을 통해 사회의 모습을 비추고 진리를 파악하게 한다는 점에서 반영론적 관점이라고도 한다. 모방론적 관점은 이후 현대 리얼리즘 문학 이론의 바탕이 된다. 더 나아가 이러한 아리스토텔레스의 견해는 모방론적 관점뿐만 아니라 효용론적 관점, 존재론적 관점의 기본적인 이론적 토대가 된다.

효용론적 관점은 문학작품과 독자의 관계를 설명해준다. 독자들은 왜 문학 작품을 읽는가, 어떤 독자들이 어떤 작품을 읽으며 어떤 정서적 혹은 교훈적 영향을 받는가 등의 문제를 해결하는 데 토대가 되는 관점이라 할 것이다. 이러한 관점에서 보면 서사 문학 특히 소설은 오랜 세월 동안 정당한 대우를 받지 못했다고 할 수 있다. 모방론적 관점을 살필 때 본 플라톤의 경우도 마찬가지고 동양에서도 공자, 장자 같은 철학가들에 의해 가볍고, 속되거나 허황하여 학문을 하는 이에게는 득이 되지 않는 잡 글이라는 평가를 받았던 것이다. 소설(小說)이라는 명칭도 아이러니하게도 대설(大說) 즉 사서삼경(四書三經) 같은 글에 비하면 하잘 것 없는 글이라는 의미를 갖고 있는 것이다. 효용론적 관점에서 비롯된 교훈(공리설)과 감동(쾌락설)에 대한 논의는 오랜 세월 논쟁거리가 되어 왔다.

존재론적 관점은 내재적 관점을 일컫는다고 이해하면 된다. 즉 문학 작품 자체의 존재 가치를 찾아내어 문학성을 규명하고자 하는 이론적 관점을 말한다. 작가나 시대, 혹은 독자에게 미치는 영향 같은 외재적 관점을 철저히 배제하고 문학 작품이 갖고 있는 미학적 특징을 찾아내어 문학적 언어를 규명하고 그를 통해 문학의 본질을 찾아낼 수 있고 찾아내고자 하는 연구 방법이다. 시에서의 이미지, 운율, 메타포나 소설에서의 시점, 서술적 기법 등은 이러한 연구적 관점을 갖고 연구해온 연구자들의 성과 덕분이라고 할 수 있다. 존재론적 관점은 1920년대 러시아의 형식주의자들에 의해 본격적으로 시작되었고, 이후 구조주의, 탈구조주의 등으로 발전되어 왔다.

이러한 네 가지 관점을 기본으로 다양한 비평방법이 계발되었는데 상급반이 되면 비평론 수업에서 더욱 심화된 학습을 하게 될 것이다. 내재적 관점과 외재적 관점 그리고 에이브럼즈의 네 가지 관점은 이미 학습되어 있는 내용일 것이다. 문제는 학생 스스로가 작가와 텍스트를 기반으로 자료를 찾고 정리하고 분석하고 평가하는 연습 혹은 연구 방법을 해보지 않았기 때문에 가장 기본적이면서도 중요한 이론적 관점을 이미 배워 알고 있다는 것도 인식하지 못하고 있다는 것이다. 따라서 참고서나 교수자의 일방적 주입식 수업이 아닌 스스로 작품을 읽고 분석하고 그 작품을 외재적 요인과 결부시켜 분석하고 그러면서 내재적 요인 또한 소홀히 하지 않는 과제를 하게 되었을 때 당황하거나 혹은 전혀 방법을 모른다고 좌절하거나 포기하는 경우가 발생한다는 것이다.

내재적 관점과 외재적 관점 혹은 네 가지 관점에서 어느 하나만의 방법으로만 접근해서는 문학이라는 장(場)(작품, 작가, 세계, 독자)을 온전히 이해할 수 없다. 다만 보다 더 전공자로서 수업을 쌓게 되고 연구자로서 연구하게 되면 다른 관점을 충분히 고려하되 하나의 주된 관점 즉 자기만의 연구 방법을 가지고 특화된 연구 성과를 낼 수 있게 될 것이다.

2. 문학 연구 방법의 실제

1) 작가 연구의 한 사례: 작가의 체험과 서사화

문학이라는 영역 안에서 작가라는 창작 주체는 오래전부터 가장 중요한 관심의 대상이 되어 왔다. 이는 앞에서 살펴본 에이브럼즈의 네 가지 관점에서 표현론적 관점과 연관되는 것인데, 그리스 로마 시대의 영감론(靈感論)이나 낭만 시대의 천재론(天才論) 모두 작가라는 대상에 대한 관심에서 나온 관점이라 할 수 있다. 표현론적 관점에서 우리가 특정한 작가에 대해 연구한다고 했을 때, 우선 기본적으로 작품에는 작가의 체험, 사상이나 이념, 가치관, 정서 등이 표현되어 있다는 것을 전제로 한다. 따라서 작가를 연구한다는 것은 그러한 조건들, 즉 체험과 관련되는 작가의 생애에 대한 자료 조사는 기본이고 사상이나 이념을 알아보기 위해 교육 환경이나 독서 체험, 습작 시대에 대한 연구, 교우나 스승, 혹은 영향 받은 다른 작가와의 관계 등에 대한 조사가 수반되어야 한다. 그리고 당연히 작품에 대한 연보 작성과 작품에 대한 깊이 있는 독서와 이해, 분석이 있어야 한다. 작품을 올바르게 이해한다는 것은 작가가 살았던 시대에 대한 정치적, 사회적, 역사적 이해뿐만 아니라 작가의 작품에 배경으로 등장하는 시대와 인물에 대한 사전 지식이 토대로써 갖추어져야 한다는 것을 잊어서는 안 된다.

특히 작가의 유년기 체험은 한 작가의 문학을 이루는 근원으로 작용하기가 쉬운데, 우리나라같이 근대계몽기, 식민지, 분단과 전쟁, 독재정권, 민주화를 거친 험난한 역사의 흐름 속에서 출생하고 성장하고 그 안에서 인간의 삶을 소설로 형상화해 온 우리나라 작가들에게 작가 개인의 체험에 대한 깊이 있는 이해가 없이는 그 작가의 문학, 작가의식을 찾아내기는 불가능하다고 할 수 있다.

식민지 시대 출생하여 유년기 해방을 맞고, 청년기 전쟁과 분단을 겪으며 작가가 되어 보편적인 인간다움이 무엇인가에 주목하면서 핍박하고 희생되어 온 평범한 민중들의 삶을 소설로 담아낸 하근찬의 문학을 체험과 작가의식이라는 주제의식을 가지고 접근해보도록 하자.

(1) 공간과 주체의 융합적 체험과 생산적 변형

하근찬[16]은 산문 「전쟁의 아픔을 증언한 이야기들」(1985년)에서 자신의 문학적 경향의 변화에 대해서 말한 적이 있다. 그 글에서 그는 1957년 한국일보의 신춘문예 당선작인 「수난이대」로부터 십여 년 동안 '전쟁에 시달리는 시골사람들의 이야기'를 집중적으로 썼다고 하면서 거기에 해당되는 작품이 「낙뢰」, 「나룻배 이야기」, 「흰종이 수염」, 「홍소(哄笑)」, 「분(糞)」, 「왕릉과 주둔군」, 「산울림」, 「붉은 언덕」 등의 단편과 장편 소설『야호(夜壺)』가 해당된다 했다. 1969년 「낙발(落髮)」이라는 단편 소설 이후로는 '주로 일제 말엽 소년 시절의 체험을 바탕으로 한 소설'을 썼는데 해당 작품으로 「족제비」, 「일본도(日本刀)」, 「죽창을 버리던 날」, 「32매의 엽서」, 「조랑말」, 「수양일기」, 「노은사」, 「준동화(準童話)」 등의 단편과 『월례

16 1931년 10월 21일 경북 영천읍(지금은 시)에서 아버지 하재중 씨와 어머니 박연학 씨의 장남으로 출생한 하근찬은 1945년 전주사범학교에 입학하고 1948년 전주사범학교 재학 중에 교원 시험에 합격하여 학교를 그만두고 수년 간 교편을 잡았다. 1957년 「수난이대」가 <한국일보> 신춘문예에 당선된 이후 90년대 말까지 지속적으로 작품 활동을 했고 1998년 보관문화훈장을 받기도 했다. 2007년 11월 25일 사망하였다.

소전(月禮小傳)』, 『산에 들에』 두 장편소설을 꼽았다.[17]

이러한 작가 본인의 작품 세계에 대한 진술은 이후 하근찬 문학을 연구하는 이들에게 주요한 지표이자 논구의 대상이 되어왔다. '전쟁에 시달리는 시골 사람들의 이야기'와 '일제 강점기 유년 시절의 체험'이라는 두 축은 작가 본인의 진술인 동시에 실제 그의 작품들이 크게 두 경향으로 나누어진다는 점에서 이견(異見)이 있기는 어렵다.

하근찬 문학에 대한 최근의 연구들 역시 대부분이 그러한 기본적 입장을 토대로 하고 이루어진 경향이 짙다. 하근찬 문학이 지닌 역사적 성찰을 분석하고 있는 오창은의 논문[18]을 우선 들 수 있다. 민중서사라는 관점에서 하근찬 문학에 나타나는 민중문화의 낙천성과 공동체의식을 분석하고 낙천성과 공동체의식이 발현되는 양상으로 바흐찐의 논의를 끌어들여 건강한 웃음을 동반하는 배설 행위를 통해 치유와 해방의 민중적 언어를 구현하고 있다고 보는 관점은 분단 현실에 대한 비판적 작가의식을 새롭게 보게 한다.

하지만 하근찬의 문학이 민중서사로 나아갈 수 있었던 근원적 체험을 설명함에 있어 유년기 아버지의 기억, 그리고 죽음에 논의가 제한되는 것은 아쉽다. 전쟁을 전후로 한 시기 즉 10대 후반부터 20대를 거치면서 경험했던 고향, 민중 그를 통한 성찰이 함께 융합을 일으킨 상황을 함께 논의해야 한다고 본다. 오창은 논문의 경우, 아버지의 죽음이라는 한 가

---

17 하근찬, 「전쟁의 아픔을 증언한 이야기들」, 『내 안에 내가 있다』, 엔터, 1997, 294-296쪽 참조바람, 1988년 출간된 『하근찬 대표작품선 산울림』 (<한겨레 소설문학>, 도서출판 한겨레, 1988)의 목차를 보면, 1. 6·25 소재의 대표작, 2.일제 말엽의 대표작, 3. 일상 체험의 대표작으로 크게 나누어져 있다. 위에 언급한 산문이 발표된 후 나온 작품집인데, 80년대 들어 작가 스스로 자신의 6,70년대 작품을 이렇게 구분, 확정하고 있었음을 알 수 있다.

18 오창은, 「분단 상처와 치유의 상상력 하근찬 소설을 중심으로」, 우리말글 52, 우리말글학회, 2011.8

지 사건의 체험만 제시하다보니 민중 서사로 확장되는 중간 논의가 협소해지는 결과를 가져오고 있다.

류동규의 논문[19]은 1950,60년대 초기 소설부터 1970년대에 이르는 하근찬의 소설적 변이와 그 의미를 아버지라는 표상을 통해 분석하고 있다. 아버지라는 표상을 통해 분석하고 있는 점은 본 논문과도 연관성이 있어 흥미로운 방법론이지만, 장편소설 『야호』를 아버지의 죽음을 직접적으로 재현하고 있다고 보는 점, 그리고 하근찬 소설의 중요한 분기점을 이루는 작품이라고 보면서 『야호』에서 작가의 트라우마적 사건은 민족 보편의 경험과 만나게 된다고 평가하는 것은 무리가 있다. 아버지의 죽음에 대한 경험은 마서방이라는 인물을 통한 학살 현장에 대한 묘사에 반영되어 나타나는데, 이를 직접적 재현이라 보는 것은 무리가 있거니와 마서방이라는 인물을 통해 학살 현장이 묘사되고 있기 때문에 하근찬 작가의 트라우마적 사건이 민족 서사 속으로 재배치되고 있다는 논의는 연구자의 지나친 확대해석이라 할 수 있다.[20]

김동혁은 하근찬 문학에 나타나는 시공간이 작가 자신의 실제적 체험을 바탕으로 하고 있다는 점을 포착하여 하근찬의 대표작인 「수난이대」의 공간을 실재하는 지리적 공간과 일치성을 검증해내고 그를 통해 작품 이해의 새로운 접근을 시도하고 있다.[21] 이러한 김동혁의 연구는 답사

19 류동규, 「하근찬의 민족수난 서사와 아버지의 표상」, 국어교육연구 제58집, 국어교육학회, 2015.6

20 또한 주인공인 갑례의 남편이 전장에서 돌아오지 못하는 것과 시아버지의 죽음을 부성(父性) 상실로 보면서 이를 그 평가의 근거로 제시하는 것은 여성 수난서사라고 논자 역시 인정하고 있는 『야호』의 본질을 오히려 명확히 해명하지 못하는 혼란을 자초하는 논의가 되고 있다. 즉 가부장적인 시선이 여성수난 서사를 규율하는 최종 심급으로 작용함으로써 민족수난 서사로 확장되지 못 한다고 정리함으로써 여성 수난 서사로서의 특장도 제대로 부각시키지 못하고 만다.

21 김동혁, 「'문학적 공간'의 분석을 통한 '지리적 공간'의 재구성」, 어문론집 46, 중앙

를 통한 실증적 작업의 수고에도 불구하고 그의 말대로 문화산업적 차원의 한 기획물로서의 의미에 그치고 있다. 문학적 공간의 실증적 추적과 실재적 공간과의 비교가 의미가 없다는 것이 아니라 문학 연구라는 관점에서 그러한 실증적 작업이 의미가 있기 위해서는 작업의 결과가 작가 의식이나 작품 주제와 어떠한 연관성을 지니고 있는가에 대한 논의로 확장되어야 한다. 그런데 지리적 공간에 문학적 공간을 퍼즐 맞추기식으로 맞추는 것에 그치고 있을 뿐만 아니라 「수난이대」라는 한 작품에 그치고 있어 하근찬 문학의 문학적 공간에 대한 의미 분석으로 확장되기는 한계가 있다. 오히려 「수난이대」가 지니는 문학사적 보편적 의의를 지방의 공간성에 한정시키는 역효과를 낳고 있다,

하근찬 소설을 크게 1950-60년대, 1970년대 그리고 1980년 이후 세 시기로 잡고 각 시대의 발표작들을 작품에 나타나는 신체의 표상이 갖는 의미와 변화 양상을 중심으로 분석한 이청[22]의 논문도 눈길을 끈다. 연구자는 세 시기를 전쟁과 불구의 신체, 훈육과 노동의 신체, 배설과 죽음의 신체로 나누어 분석하고 있는데, 연구 시기와 대상을 타 논문에 비해 넓게 잡고 하나의 통일된 관점으로 파고 들어간 점이 돋보인다.

그런데 각 시기와 신체를 중심으로 한 제재와의 연관성이라는 구성이 적절한가라는 의문이 든다, 불구의 신체가 초기 작품에만 나타나는 것도 아니거니와 또한 훈육과 노동의 신체도 하근찬 문학에서 일관되게 나타나고 있으며 1980년대 작품을 규정짓는 배설과 죽음의 신체라는 제재 1950-60년대 작품에 오히려 두드러지게 나타나고 있음을 볼 때 1980년 이후 작품의 특징을 다시 점검해 보는 것이 필요하다는 아쉬움이 남는다.

어문학회, 2011.3

22 이청, 「하근찬 소설의 신체 표상 연구」, 한국문학이론과 비평, 제62집(18권 1호), 한국문학이론과 비평학회, 2014.3

하근찬의 전후 소설을 읽는 데 있어 중요한 문제는 모티브 중심의 분류와 분석 이전에 일제 강점기와 한국 전쟁, 전후를 살면서 고통과 상처의 역사를 등단작부터 몇 십 년간 지속적으로 파헤쳐 온 그 작가 정신 혹은 창작의 근원에 놓여 있는 것이 무엇인가를 밝히는 것이라고 본다. '하근찬 문학이 갖는 가장 중요한 소설사적 의미는 '시공간성의 복원'이라는 문제와 직결되어 있다. 말하자면 하근찬에 와서야 비로소 한국전쟁의 특수성에 대한 소설적 기록이 시작된 셈이다.'[23]라는 평가는 하근찬 문학을 바라보는 올바른 관점을 제시하고 있다.

「수난이대」는 주지하듯 만도와 진수, 부자(父子)의 재회를 그리고 있는 작품이다. 「수난이대」를 통해 드러나는 하근찬 문학의 핵심을 다시 정리하면, 일제 강점기와 한국 전쟁으로 이어지는 시간, 그 속에서 함께 존재했던 아버지와 아들, 그리고 고향이다. 하근찬의 6,70년대 문학의 원류는 "고향"과 "아버지"라는 공간과 주체이다. '고향의 기억은 일정 부분 아이덴티티와 관련되기 때문에 고향을 논하는 것은 필연적으로 아이덴티티의 정치학에 직면하기 마련이다. 더구나 고향은 그리움의 대상인 만큼 저항하기 힘든 매혹을 지니고 있다.'[24] 즉 하근찬에게 고향이라는 공간은 일제 강점기와 한국 전쟁으로 이어지는 시간과 함께 놓여 기억 속에서 입체적으로 구축되고 아버지라는 주체 또한 고향이라는 공간과 시대라는 시간과 함께 자리하면서 작가의 기억 속에 존재하는 이웃과 중첩되고 나아가 민중으로 확대되면서 고향과 아버지라는 공간과 주체는 당대 이념과 국가에 대한 작가의 비판의식으로 융합적으로 복원되고 재생산된다.

---

23 하정일, 「하근찬 문학과 한국전쟁의 역사화」, 『하근찬 선집』, 현대문학, 2011, 457쪽

24 나리타 류이치 지음 · 한일비교문화세미나 옮김, 『【고향】이라는 이야기』, 동국대학교출판부, 2007, 5쪽

이 글은 하근찬의 등단작부터 60년대에 이르는 작품을 대상으로 하여, 단순히 그 소설의 시간적 배경이나 소재적 차원의 구분을 넘어서서 그 모든 하근찬 문학을 관통하는 작가의식, 현실을 파악하고 재구성하는 창작방법의 원리로서의 작가의 세계관의 토대가 무엇인가, 근원적 힘이 무엇인가를 고향이라는 공간의 시간적 융합관계, 아버지라는 표상의 확장과 생산적 변형이라는 관점에서 살펴보고자 한다. 즉 그의 등단작 「수난이대」가 발표된 1950년대 후반부터 1970년대 후반까지 하근찬의 단편 소설을 중심으로 아버지와 고향, 유년(아들)의 기억과 현재화라는 시공간적 체험을 통해 하근찬 문학의 근원을 탐색해보고자 한다.

(2) 고향이라는 공간 체험의 이중화와 융합

하근찬의 전후 소설에서 주목할 점은 이념적으로 어느 한쪽에 치우치지 않는 균형 잡힌 비판의식이다. 이러한 균형 잡힌 비판의식은 어디에서 연유하는가. 그것은 '고향'과 '아버지'의 확장적 인식에 있다. 특히 고향이라는 공간에 대한 하근찬의 인식은 그의 문학적 근원이라고 할 수 있다. 하근찬에게 고향은 일제 강점기, 전쟁과 근대화를 내세운 독재 정권의 소위 새로운 국민국가에 맞서는 대항적 근간으로 자리하고 있다. 그 이유는 그에게 고향은 근원적이며 하나의 공간, 하나의 의미로 한정되지 않기 때문이다. 고향이라는 공간에 대한 그의 인식은 감각과 체험이 중층적으로 이루어져 만들어져 있다.

하근찬은 영천에 대해 직접 이렇게 말한 적이 있다.

> 고향이 어디냐고 물으면 나는 경북 영천이라고 대답한다. 영천읍(지금은 시) 금로동에서 태어났기 때문이다.

그곳에서 태어나긴 했으나, 성장하지는 않았다. 아버지가 초등학교(일제시대인 그 무렵은 공립 보통학교)교사였기 때문에 곧 다른 곳으로 전근되어 떠나셨던 것이다.(…) 그러니까 영천은 말하자면 나의 안태고향이다.[25]

영천에서 태어나 열 살 무렵까지 살았던 것 같은데 그는 영천을 안태고향이라고 말하며 어느 자리에서건 고향이 어디냐고 물으면 영천이라고 대답한다고 말한다. 그에게 영천은 어떠한 곳인가. 열 살 이전의 기억은 잘 나지 않는 것이 보편적일 것이다. 그런데 그러한 곳이 내내 고향으로 기억되는 곳이란 그 또한 범상치 않은 의미를 지니고 있을 것이다. 그것은 논리적으로 딱히 설명하기 곤란한 것일 수도 있는데, 감성적 체험의 근원이라는 점에서 중요하다 할 수 있다.

하근찬은 열 살 무렵 영천을 떠나 전북 김제군으로 이사를 한다. 아버지의 전근으로 인한 이사였다. 1940년경 이었다. 그곳에서 그는 초등학교를 졸업하고 중학교에 진학했다. 십대의 시간을 그는 전북 김제군 죽산에서 보냈다. 그는 그때의 보고 들은 일들을 소재로 많은 작품을 썼다고 밝혔다.

그런데 흥미로운 사실은 그 내용을 담고 있는 형식이다.

그 무렵에 보고 겪은 일을 소재로 해서 나는 적지 않은 소설을 썼는데, 재미있는 것은 시간적 배경과 공간적 배경은 그 시절 그 고장을 염두에 두었지만 등장하는 인물들이 사용하는 말은 경상도 사투리로 했다는 점이다.[26]

하근찬의 6,70년대 대표작들은 대개 일제 강점기나 한국 전쟁 전후 시기 농촌을 배경으로 그곳에서 살아가는 사람들의 억울하고 슬픈 삶을

25 하근찬, 「진정한 고향은 마음 속에」, 『내 안에 내가 있다』, 엔터, 1997, 11쪽

26 하근찬, 앞의 글, 16쪽

사실적으로 그리고 있다. 그 주된 이야기는 전라도에서 살면서 보고 듣고 체험했던 일인데도 불구하고 마치 경상도 어느 지역, 어쩌면 영천을 떠올리며 영천에 사는 사람들도 그러하지 않았을까 라는 생각을 갖고 쓴 듯하다. 이에 대해 하근찬은 '고향에 대한 그리움 때문'이라고 밝혔다. 그 그리움의 정체, 내면에 깊이 각인되어 육체화된 감성의 근원을 그는 나이 들어 찾아갔던 영천에서 확인한다.

> 열여덟 살인가 열아홉 살 때 그러니까 6 25가 일어나기 한두 해 전에 나는 혼자서 고향엘 간 적이 있었다. (중략)
> 그때까지 전라도 사투리에 묻혀 살던 나에게 경상도 사투리는 야릇한 감동으로 다가왔다. 마치 무슨 포근하고 훈훈한 것이 나를 감싸는 듯한 느낌이었다. (중략)
> 그때 나는 내 가슴 속에 고향에 대한 목마른 그리움이 나도 모르게 짙게 배어 있었구나 하는 것을 깨달을 수 있었다. 그래서 나는 속으로 나중에 내가 작가가 되면 반드시 경상도 사투리를 쓰리라고 다짐했다.[27]

경상도 사람들의 사투리에 녹아 있는 전라도 사람들의 괴로움과 눈물의 이야기는 하근찬 문학이 갖는 보편성의 근원이자 특수성이며 힘이다. 식민지 권력과 이데올로기, 자유의지와 상관없이 휩쓸려 들어간 전쟁이 가져온 희생, 분노, 아물지 않는 상처로 고통 받는 전라도 사람들의 삶이 경상도 사람들의 몸과 입을 빌어 재현되고 있는 것이다. 그것이 무엇보다 절실하게 설득력 있게 그려지고 있는 것은 하근찬 본인의 체험과 기억에 바탕하고 있기 때문이다.

살았던 기억이 거의 없음에도 자기 삶의 모태로서 본능적으로 감득하고 있는 경상도 영천이라는 공간과 사람들의 골격에 전라도 지방 사람들의 현재적 삶이 살이 되고 함께 어울려져 혼이 담겨 있는 살아있는 육

27 하근찬, 위의 글, 16-17쪽 참조바람

신을 이룸은 전라도 사람들의 당대 삶에 대한 관찰과 감응, 공감이 결국 경상도 사람들과 전라도 사람들 모두 한민족이며 국가의 폭력 앞에 희생당하고 견디며 버티는 민중의 한 가지 모습이라는 것을 인식한 까닭이다.

이러한 고향에 대한 중층적 인식과 확장은 이념으로 인한 동족상잔의 전쟁 한 가운데에서 이념과 국가주의에 대한 비판으로 표출된다. 하근찬은 1950년 12월 소집영장을 받고 국민방위군에 나가게 된다. '속칭 보따리 부대라고 하는 국민방위군에 나가 엄동설한의 서너 달 동안 (중략) 많은 장정들이 추위와 굶주림을 견디지 못하여 죽어 갔는데, 반신불수 비슷한 상태가 되어서나마 귀향을 할 수 있었던 게 다행'[28]이라고 할 정도로 고통스러운 나날이었다.

하근찬은 국민방위군에서 돌아와 1953년 휴전 때까지 계속 교편을 잡게 되는데, 당시 학교 운동장은 영장을 받고 군대에 가는 장정들의 집합 장소였다. 전쟁터로 가야 하는 장정들과 그들을 배웅하러 나온 가족들의 모습을 하근찬은 계속 지켜보아야만 했다. 그런 광경을 보면서 그는 이후 작가가 되면 그들의 이야기를 쓰리라 마음먹었다고 한다.[29]

무고한 희생자들에 대한 하근찬의 비판이 갖는 강점은 그가 한국 전쟁을 '어떤 거창한 명분을 내세우더라도, 결코 국가가 국민을 호명하고 생산해내는, 동원체제로서의 국가 폭력'[30]으로 명확하게 인식하고 있다는 점이다.

'전쟁의 현장이 나오지 않는 것은 전투의 경험이 없기 때문인 것 같고, 시골 소

28 하근찬, 「전쟁의 아픔을 증언한 이야기들」, 『내 안에 내가 있다』, 엔터, 1997, 291쪽

29 하근찬, 앞의 글, 위의 책 293-294쪽 참조바람

30 한수영, 「국가동원체제로서의 전쟁과 '국민되기/거부하기'」, 『전후문학을 다시 읽는다』, 소명출판, 2015, 265쪽

읍이나 농촌이 무대가 되고, 그곳에 사는 사람들의 피해담이 내용이 된 것 역시 그곳에 내가 몸담아 살았고, 그들의 가지가지 괴로움을 눈으로 보고 얘기로 들었을 뿐 아니라, 나 또한 그들 속의 한 사람으로서 전쟁의 아픔을 체험했기 때문'[31]

하근찬은 철저하게 자신의 체험을 바탕으로 기억을 재현해낸 작가이다. 그것이 고향에 대한 이해할 수 없으나 온 몸에 짙게 배여 있는 그리움을 드러내는 것이라 인식했을 터이다. 그는 일제 강점기부터 묵묵히 희생을 강요당하고 핍박받으면서도 그저 순리대로 삶의 행복을 바라며 살아온 민중들의 삶에 전쟁이 어떻게 폭력을 가했고 상처를 입혔으며 그들의 삶을 파괴했는지 생생하게 그려낸다. 이는 육체적 고통의 체험과 교사로서의 관찰과 기록, 책무의식(이 두 가지는 아버지라는 대상을 통한 경험에도 공통적으로 깊게 각인되어 있다)이 고향이라는 공간 속에서 민중과 융합되어 나타난 것이다. 따라서 '하근찬에게 한국 전쟁은 무엇보다 '육체적인 것'이다. 하근찬의 초기작들을 보면, 전쟁은 대개 육체적 손상을 수반'[32]하는 것은 바로 그러한 데서 연유한다.

등단작 「수난이대」에는 팔 잃은 아버지와 다리 잃은 아들이 등장한다. 그들의 육체적 손상은 일제 강점기부터 한국 전쟁으로 이어지는 역사 속에서 자신들의 의지와 상관없이 호출당하고 희생당한 민중의 모습을 명료하게 보여준다. 즉 일제 강점기와 한국 전쟁은 아버지와 아들로 이어지는데 그 부자의 훼손당한 육체의 현재성은 연속적이며 동시대적이라는 것을 나타낸다. 이는 다음 절에서 이야기하겠지만, 하근찬 본인의 정체성 확인과 밀접한 연관이 있다. 하근찬 본인의 아버지와 자신 역시 바로 그러한 세대이자 피해자였던 것이다.

31 하근찬, 「전쟁의 아픔을 증언한 이야기들」, 『내 안에 내가 있다』, 엔터, 1997, 290쪽

32 하정일, 앞의 글, 460쪽

「산중고발」에 나오는 달수, 판술이 인배의 어처구니없는 희생도 하근찬의 소설이 왜 동시대 다른 작가들과 다른 시각을 지니고 있는지 보여준다. 판술이는 공비들에게 납치되어 가는 도중 탈주를 하다가 공비들의 총에 맞아 죽고 달수와 인배는 토벌대의 무차별 사격에 죽고 만다. 그런데 공비들에게 죽임을 당한 전몰 군경민 합동위령제가 열리는 날, 그 희생자 명단에 인배는 제외된다.

공비에게 납치당해 고문을 당하고 이유 없이 죽임을 당하는 모습에서 쉽게 반공주의를 떠올릴 수 있지만 후반부 결말에서 그러한 섣부른 판단은 여지없이 깨진다. 평소 알고 지내던 학교 교사였음에도 단지 공비의 옷을 입고 죽었다는 모습만으로 일순간에 공비로 단정해버리는 군경찰의 모습은 무고한 죽음을 막고자 하는 인도주의나 진상을 제대로 파악하고자 하는 책임의식이 전혀 없는 또 다른 폭력의 실체를 비판적으로 보이고 있는 것이다.

「산울림」에서 전쟁의 참혹상과 비극은 한 동네에 사는 세 마리의 개를 통해 끔찍하게 형상화된다. 여기에 등장하는 개들 역시 신체적 훼손을 당하고 죽임을 당한다. 그 가해자는 어느 한쪽이 아니다. 군인이 검둥이를 죽이고, 뒤이어 나타난 인민군들이 복실이와 새끼들을 무참하게 죽여 버린다.

> 복실이는 배가 터져서 창자가 마구 삐져나왔고, 혀를 문 잇바디가 스며드는 달빛을 받아, 무섭도록 허옇게 번뜩거렸다. 그리고 강아지들은 밟아 문질러놓은 것처럼 죄다 으깨어져 나뒹굴고 있었다.[33]

군인과 인민군에 의해 무참하게 죽는 검둥이, 복실이와 새끼들의 모

33 「산울림」, 하근찬 지음, 하정일 엮음, 『하근찬 선집』, 현대문학, 2011, 199쪽

습은 「산중고발」의 달수, 판술이, 인배가 눈밭에서 총을 맞아 죽고 고문을 당하고 쏟아지는 총알 세례에 죽어가는 모습과 다를 바 없다. 인민군도 군인, 경찰도 그저 순하게 살아온 이 땅 민중들에게는 재앙과 공포, 폭력의 주체일 뿐이다.

앞에서 하근찬은 전쟁 당시 국민방위군으로 징집되었다가 돌아와 1953년 휴전 때까지 교편을 잡았다는 것을 서술한 바 있다. 당시 학교 운동장에서 전쟁터로 가야 하는 장정들과 그들을 배웅하러 나온 가족들의 모습을 보는 것은 그에게 고통이었을 것이다. 「나룻배 이야기」와 「홍소(哄笑)」, 「분(糞)」은 모두 젊은 날 이념 전쟁에 의해 자기 의사와 상관없이 살육의 전쟁터로 끌려가야 하는 청년들과 그들 부모들의 상실감과 분노를 그리고 있는 작품이다. 「나룻배 이야기」에 나오는 두칠이, 용팔이, 천달이 모두 징집 통지서를 받고 전쟁터로 끌려간다. 두칠이는 편찮은 어머니와 사랑하는 갑분이를 두고 떠나야 하며, 천달이는 결혼한 지 다섯 달 만에 임신한 아내 순녀를 두고 가야한다. 그렇게 떠나간 전쟁터에서 두칠이는 지뢰를 밟아 '도깨비'가 되어 돌아온다. '눈이 하나밖에 없었다. 코가 대추같이 녹아 붙었고 귀도 한 개는 고사리처럼 말려들었다.' 거기다 한 손도 없었다. 그나마 두칠이는 살아왔으나 천달이는 결국 유골 몇 조각으로 돌아오고 만다. 온 마을을 휩쓰는 군대 징집 통지서는 얼마 안가 흉측한 몰골이 되어 돌아오는 이들과 날아드는 전사 통지서를 불러오는 재앙이다.

「홍소」에서 삼십여 년을 우편배달부 노릇 하며 살아온 판수에게도 전사 통지서는 흉물이다. 그는 전사 통지서를 돌릴 때마다 '무슨 못할 짓이라도 저지르고 다니는 듯 공연히 가슴이 두근'거리고, 군에 간 아들 춘식이가 걱정되기만 한다. 그러던 참에 우연히 냇물에 발을 헛디뎌 빠지게 되는데, 그때 육군본부라고 적힌 편지 한 통이 물에 떠내려가는 것을 보자 판수는 육군본부가 적혀 있는 다른 편지들까지 꺼내어 물 위에 던져 버린다.

열일곱에 돌림병으로 남편을 잃고 아들 호덕이만 바라보고 살아온 「분(糞)」의 덕이네에게 아들 영장은 국가의 위대하고 영광스러운 호출이 아니다. 아들을 잃어버릴 지도 모르는 참극을 불러올 수 있는 흉측한 것일 뿐이다. 두 번째 남편 역시 징용을 당해 북해도 탄광으로 간 후 소식이 없는데, 아들까지 국가에 의해 호출되는 것은 그저 끔찍한 불행의 반복일 뿐이다. 그녀가 자신을 겁탈했던 면장에게 부탁할 수밖에 없는 것은 불행에 대한 공포가 그만큼 크기 때문이다.

젊은 날, 사랑하는 이들을 두고 왜 전쟁이 일어난 것인지, 왜 전쟁터에 가야 하는지 알 수도 없고 납득할 수도 없는 현실 앞에서 절망하는 아들들과 생떼같은 자식을 전쟁터로 보내야 하는 부모와 가족의 슬픔과 분노는 국가 권력의 호명이 평범한 민중들을 위한 것임이 아니라는 사실을 보여준다.

무고한 피해자로서의 민중에 대한 애정과 동질성에 대한 작가 인식은 부조리한 광기와 폭력의 세계에서 희생당하는 민중의 삶을 사실적으로 그리는 것과 아울러 광포한 폭력적 세계에 소극적이고 개인적인 한계성을 드러내고 있지만 그러한 비판을 위한 비판을 넘어서는 삶에 대한 집착과 생존에 대한 건강한 민중의식을 놓치지 않는 강점으로 나타난다.

「수난이대」의 만도가 아들 진수를 맞으며 둘이 함께 이 세상에 맞서 힘차게 살아갈 것을 다짐하듯, 하근찬 소설에 등장하는 인물들은 육체적 훼손과 불가항력적 폭력 앞에서도 건강하고 낙천적인 의지와 행동을 보여준다. 그것이 바로 민중의 끈질기면서도 건강한 생명력이라는 것을 하근찬은 체험으로 알고 있다.

끈질긴 민중의 생명력은 「산울림」의 결말에서도 잘 드러난다. 참혹한 살상 속에서도 용케 살아남은 암컷 새끼 한 마리에 대한 사람들의 보살핌은 포기할 수 없는 삶에 대한 의지를 상징적으로 보여준다. 「나룻배 이야기」의 나룻배 사공 삼바우는 자신의 배를 타러 오는 총 멘 사람과 양복쟁이를 보자, 분명 징집 영장 아니면 전사 통지서를 갖고 오는 것임을 직감한다. 가슴이 덜컥하고 '술기와 함께 온몸의 피가 얼굴로 치솟는 듯' 하며 '입술도 부들부들'떨린다. 도깨비가 되어 돌아온 두칠이, 유골로 돌아온 천달이, 소식도 없는 아들 용팔이 등을 떠올리며 이제는 더 이상 젊은이들을 보낼 수 없다는 생각에 그들을 태우지 않고 떠나버린다. 그때 '삼바우는 이만저만 통쾌하지가 않았다. 자기에게도 이런 용기가 있었는가 싶으니 스스로 놀랍기도 했다.'

「홍소」의 판수 역시 자신 또한 군대에 아들을 보냈기에 전사 통지서를 돌려야 하는 현실과 유가족의 슬픔을 보면서 육군본부에서 온 편지들을 모두 냇물에 버려 버린다. 그러면서 그 역시 평생 느껴보지 못한 통쾌함을 느끼게 되는 것이다. 소위 빽도 없고 돈도 없어 결국 아들을 군대에 보내야 하는 「분」의 덕이네 역시 분노와 슬픔 속에서 어쩔 줄 몰라 하다가 밤에 면사무소에 몰래 들어가 면장실 앞에 볼일을 본다.

> 면장이란 자식이 점잖질 못하고 행실이 꼭 개 같다니까. 남의 여자 자는 방에 함부로 기어 들어와서, 자기 좋은 것 할 때는 살살 달래더니, 뭐 한 가지 부탁한다고, 썩 저리 물러나가라고? 이게 다 돈이냐고? (중략)
> "히히히…문둥이 자식, 내일 출근하다가 저걸 물컹 밟아야 될 낀데…"
> 덕이네는 이제 반분쯤은 풀리는 듯 했다.[34]

한 팔을 잃은 아버지가 다리를 잃은 아들을 업고 외나무 다리를 건너고, 전사 통지서를 띄워보내고, 나룻배를 몰고 도망쳐 버리고, 질펀하게

---

34 「분」, 현대문학, 제78호, 1961, 6. (『하근찬 선집』, 142쪽)

똥을 싸대고, 암컷 새끼 한 마리를 소중히 감싸 안는 이 행위들은 1920년대 최서해의 소설 결말을 떠올리게도 하지만, 그것과 다른 점은 폭력에 광기나 폭력으로 맞서는 것이 아니라 더불어 사는 삶에 대한 온건한 바람이 잘못된 것에 대한 본능적인 거부로 나타나 우리에게 비판적인 웃음을 발생시킨다는 점이다.

그런데 그것은 통쾌하면서도 씁쓸하다. 그 이유는 개인적이며 은밀한, 비폭력적 복수에 비해 이념에 의한 강압적 통치 구조는 강고하다는 것을 작가뿐만 아니라 우리 역시 알고 있기 때문이다. 하근찬이 이후 오히려 유년 시절의 아버지를 떠올리고 힘겨워하는 1960-70년대 소시민들의 모습에서 소외되고 잊혀져가고 반공과 속물 자본주의에 의해 덮어지지만 엄연히 실재하는 시대와 세대에 대한 회한과 아픔을 그리게 되는 것은 이유가 있다.

(3) 유년의 기억과 '아버지' 표상의 확장 피해자와 관찰자의 융합

하근찬은 1950년 한가위 날, 전북 장수군 산서면 친구 집에서 자게 되는데, 검은 옷을 입은 아버지가 그를 향해 손을 흔들고 있는 꿈을 꾸게 된다. 그 꿈을 꾼 그날 밤, 당시 반동으로 몰려 전주 형무소에 수감되어 있던 아버지가 총살을 당했다. 그는 어머니와 함께 사람의 시체가 즐비한 전주 형무소 뒷마당에서 아버지의 시신을 찾아 야산에 매장을 한다. 그가 뒷마당에서 본 시체들은 '맞아서 시퍼렇게 멍이 들었는가 하면 찍혀서 배가 터지고 팔다리가 찢어지기도 해서 차마 눈뜨고 볼 수 없는 처참한 광경'을 이루고 있었다. 그는 이후 열아홉 나이에 목도한 아버지의 죽음과 처참한 광경이 자신의 문학적 성향에 큰 영향을 주었다고 밝혔다.

좌익, 우익 그 어느 쪽도 아니었고 평생 교직에서 충실히 살아온 아버지가 이념의 희생자가 되어 총살을 당한 모습은 그에게 당대를 어느 한 쪽에 치우치지 않는 객관적인 시선으로 보게 하였을 것이고 아버지의 억울한 죽음은 아버지같이 순박하게 살아온 마을 사람들, 민중에 대한 애정과 그들의 이야기를 해야 한다는 의식을 낳게 하였을 것이다.[35] 그것이 앞에서 살펴본 전쟁으로 인한 사람들의 아픔을 형상화한 작품들이라 할 수 있다.

아버지에 대한 기억은 하근찬의 유년시절과 함께 한다. 아버지를 떠올림은 유년 시절을 기억하는 것이고 유년 시절은 또한 일제 강점기와 함께 존재하는 것, 일제 강점기 유년 시절의 기억을 소환하고 정리하고 성찰함은 그의 문학 여정에서 당연한 과제로 떠올랐을 것이다. 일제 강점기 유년 시절의 자전적 체험을 바탕으로 당시의 시대 상황과 유년의 심리를 묘파하고 있는 작품들로 「그 해의 삽화」, 「일본도」, 「죽창을 버리던 날」, 「32매의 엽서」 등을 들 수 있다.

하근찬은 해방이 되던 해, 봄에 전주에 있는 사범학교에 입학했다.[36] 해방이 되기까지 몇 개월 동안 그는 기숙생활을 하게 되는데, 그 기간의 체험은 산문에서뿐만 아니라 유년기를 배경으로 한 소설 모두에서 전반적으로 나타난다. 청명료(淸明寮)라고 불린 전주사범학교에서의 생활은 괴로움의 연속이었다. 상급생들의 기합과 혹사, 그리고 옥수수밥뿐인 식사에다 적은 양, 비가 오는 날 같은 때나 교실수업이 있을 뿐, 거의 언제

35 하근찬은 그때 일에 대해서 '틀림없는 그것은 사람이 만든 지옥이었다. 열아홉 살이던 나는 그때 이데올로기에 대해서, 전쟁에 대해서, 인간에 대해서 끝없는 절망을 느꼈었다.'라고 밝혔다.(「인간에 대한 끝없는 절망」, 『내 안에 내가 있다』 33쪽)

36 '사범학교란 지금의 교육대학인 셈인데, 그 무렵은 중학교와 마찬가지로 초등학교를 졸업하고 곧바로 입학했다.'(「잊을 수 없는 그날의 그 기쁨」, 『내 안에 내가 있다』, 26쪽)

나 근로봉사 아니면 군사훈련뿐인 사범학교 생활은 다행스럽게도 그해 여름, 해방이 되면서 끝나게 된다.

「32매의 엽서」는 하근찬 본인의 아버지에 대한 기억을 바탕으로 사범학교에서의 고통과 갈등을 그리고 있다.[37] 32매의 엽서는 그가 기숙 생활을 했던 4개월이 채 못 되는 기간 아버지가 보내 온 엽서를 말한다. 미우라라는 2학년 일인 학생과 그 엽서를 둘러싼 갈등이 주된 내용을 이루고 있다. 엽서를 통해 나타난 아버지의 애정이 미우라에게 맞설 수 있는 힘이 된다. 그 힘 앞에 미우라는 급격히 움츠리게 되고 이후 나를 피하게 된다. 미우라라는 일본 학생의 횡포에 용감하게 맞섰던 어린 날의 기억이 아버지의 사랑과 함께 묘사되고 있다.[38]

「일본도」(현대문학 제201호, 1971.9)라는 제목에서 짐작이 가듯, 이 소설은 일본도를 통해 일제 강점기 억압적이고 폭력적인 일본식 식민지 교육 실태를 고발한다. 가다오까 교장 집에 있다는, '짱꼴라의 모가지를 날리

37 32매의 엽서에 대한 이야기는 「아버지의 편지」라는 산문에도 거의 똑같이 자세히 나와 있다.

38 여기에서 아버지의 엽서는 미우라로 대표되는 거대한 속악의 세계로부터 화자를 지켜주는 희망으로 등장하는데, 일본어로 씌어 있는 '그 달필과 문장'이 표상하는 것은 곧 고향이나 가정이 아니라, 교양과 문화의 세계라고 지적하면서, 그렇게 보았을 때 사실 아버지와 엽서가 속한 그것은, 역시 미우라가 속한 속악한 세계의 어느 한 부분일 수밖에 없는 것, 그러나 화자는 그러한 모순을 모순이 아니라 실재로 인식하면서 속악한 세계의 규율이 아니라 아버지의 규율을 따름으로써 속악한 세계에 맞설 수 있다는 자기 논리를 보이는데 아버지의 규율 역시 속악한 세계(식민지 습속 규율 논리)에 속함을 부정할 수 없다는 점에서 이 대목에서 식민화된 주체로서의 전후세대의 균열이 드러난다고 파악한 한수영의 논의는 상당히 주목해야 할 것이라고 생각된다. 이는 일제 식민지시기에 유년시절을 보내고 성년으로서 전쟁을 겪었던 전후 세대에 대한 새로운 관점을 제공하고 있는데 따라서 보다 거시적 연구 속에tj 다시 점검되고 논의되어야 할 주제라고 생각된다.(한수영, 「유년의 입사형식(入社形式)과 기억의 균열-하근찬의 유년체험의 형상화와 식민화된 주체」, 위의 책, 364-372쪽 참조바람)

고 귀축미영鬼畜米英의 몸뚱아리를 두 동강으로 내버린다'는 무시무시한 소문이 나 있는 일본도는 공포의 대상이다.

하지만 '텅 빈 운동장에 혼자 버티고 서서 비이십구를 향해 일본도를 번쩍 쳐든 땡땡이중 같은 교장 선생'을 보게 된 원길이가 터뜨린 웃음을 통해 작가는 일제 식민지 교육의 허구성과 일제의 허약성을 냉소적으로 조롱하고 있다.

해방 전 유년기의 체험을 바탕으로 당시 현실을 그리고 있는 작품들은 일제 말 군대식으로 훈육되고 통제되는 학교를 통해 식민지적 주체를 생산해내고자 하는 일제 교육 정책을 비판하고 있다. 일제 말 사범학교의 실태는 엄격한 군대식 통제와 훈육, 근로봉사라는 미명하에 이루어진 노동과 착취의 현장일 뿐이다.

「그해의 삽화」(창작과 비평, 제18호, 1970.9)는 앞서 본 작품들처럼 해방 전 사춘기 소년을 주인공으로 학교 생활을 그리고 있지만 다른 점은 사춘기 소년의 섬세한 연애 감성을 통해 일제 시대의 유년기적 아픔을 보여주는 점에서 특기할 만한 작품이다. 생도들에게 인기가 많은 아오야기 선생의 총애를 받는 종대는 육학년, 급장이다. 열네 살이지만 실제 나이는 열여섯이다. 그는 마을의 애국소년대 대장이다. 흠모하던 아오야기 선생과 학교 주둔군 소위의 모습을 보면서 '갑자기 무엇이 찍가슴을 긋고 지나가는 것 같았다. 생전 처음 느껴보는 짜릿한 아픔'을 느끼는 종대, 해방이 되자 그저 아오야기 선생이 떠나야 한다는 사실이 더 가슴 아픈 종대, 결국 일본으로 떠나는 선생을 따라 나섰다가 열흘이 지나 거지꼴을 하고 아오야기 선생의 도시락을 든 채 고향에 돌아오는 종대의 연애 감정과 상실감은 사춘기 소년이 충분히 겪을 수 있는 통과의례라고 할 수 있을 것이다. 그런데 그것이 일제 말 일본인 여선생에 대한 흠모이고 나아가 그 여성을 따라 일본으로 갈 결심을 한다는 점에서 쉽게 보아

넘길 수 없는 숙제를 안겨 주는 작품이라 할 것이다. 종대의 초라한 귀향과 이후 종대의 상처 난 감성을 올바르게 치료하고 나아가 건강한 독립국가 시민으로 성장하게 하는 것은 남겨진 과제이자 오래도록 청산되지 못한 식민지적 잔재였을 것이다.

어린 아이의 감성은 이념적으로 편향되지 않는다. 오히려 그래서 순수라는 이름으로 기억은 미화되기 쉽고, 그래서 편향적으로 채색되기 쉽다. 아버지에 대한 그리움은 아버지의 억울한 죽음과 함께 더욱 극대화되어 아버지의 표상은 절대적이 된다. 그것은 해방 이후 같은 민족 사이에서 벌어지는 이념적 대결과 갈등, 희생과 억압에 대해 더욱 본능적으로 방어기제를 가동시킨다. 그 방어기제의 의식 저변에는 작가 스스로도 의식하지 못했을 수 있는 은밀하게 각인된 유년 시절에 대한 그리움으로 드러나는 착종된 식민지 시대의 기억이 일제 시대 못지않게 강압적이고 폭력적인 정치 체제 속에서 소외되고 도태되는 소시민들에 대한 연민이라는 서사의 동력원으로서 작용하는 아이러니를 발생시킨다.[39]

이는 우선 해방 이후 오히려 통합되지 못하고 우리 스스로 분열되는

39 1920년대 후반에 태어나 식민지 시대를 보냈던 세대, 예를 들자면 본 연구자의 부모님 세대라 할 것인데, 어릴 때 기억이 있다. 두 분이 언쟁을 벌일 때면 자식들이 듣지 못하게 일본어를 사용하셨다. 현명하셨다고 생각이 드는데, 한편으로는 일본어 사용이 그만큼 편하기 때문이었을 것이다. 문득 문득 소학교 때 배웠다는 일본노래를 흥얼거리시고는 대뜸 일본을 욕하셨는데, 그게 참 묘했다. 지독한 놈들, 나쁜 놈들이라고 욕하시는데 항상 뒤에는 독한 놈들이라 뭐든 똑 부러지게 만들어서 일제는 그래서 절대 고장이 안 난다고, 질서 잘 지키고 나라 앞에 목숨 바치는거 주저하지 않고 그래서 저리 빨리 잘 사게 된 것이라고 입맛을 다시곤 하시는 것이었다. 어린 나이였지만 그 묘하게 모순적으로 보이는 언술이 너무나 잘 엮어져 발화되는 것에 의아해 했었다. 한수영이 하근찬의 유년 시절과 아버지에 대한 표상을 대상으로 알아보고자 했던 것이 바로 그것일 터이다. 본 논문에서는 깊이 논구하기 어렵지만 앞으로 전후 세대를 대상으로 충분히 연구되어야 할 의식의 문제라고 생각된다.

해방 후 사회에 대한 되새김으로 나타난다. 그리고 나아가 전후 분단 사회 속에서 지난 시절의 희생에 대한 보상은커녕 소외되고 핍박받는 소시민과 그들을 둘러싼 분열되고 통제와 억압의 정치 체제와 기괴하게 공전공생하면서 확대 재생산되는 속물 자본주의적 습속에 대한 멜랑콜리하나 냉정한 비판의식이 돋보이는 서사로 시선이동이 이루어진다.

「일본도」는 해방 이듬해 열린 삼일운동 기념 학생 축구대회를 통해 해방이 되었지만 제대로 청산되지 못함으로써 통합되지 못하고 같은 민족 사이에 깊어지는 갈등의 현재성을 보여주는 작품이다. 과열된 경기로 난장판이 된 시합이 끝난 후 저녁 원길이네 학교 학생 백여 명이 헌병의 동생이라던 상대방 선수 집에 떼로 몰려가 난동을 부린다. 그때 그 집에서 한 남자가 일본도를 쳐들고 나오고 그 기세에 눌려 원길이네는 도망치지만 멀리서 왜놈 앞잽이라고 소리치며 돌을 던져댄다.

> 처음으로 남에게 돌을 던진 원길이는 걷잡을 수 없이 가슴이 뛰었다. 그러나 결코 기분이 언짢은 것은 아니었다. 오히려 어쩐지 시원하고 재미까지 있는 것이었다.

이 부분은 좀 더 면밀한 분석이 필요해 보이는데, 원길이의 투석은 앞서 살펴 본 작품들에서 전사 통지서를 냇물에 버려버리는 행위나 배를 태워주지 않고 도망쳐 버리는 것, 또는 사무실 앞에 똥을 누는 행위와는 다르게 읽히기 때문이다. 학생들의 축구 시합에 일본 헌병의 동생이라는 정치적인 발언이 나오고 학생들이 집단으로 난동을 부리고, 한편에서는 일본도를 쳐들고 나오는 이러한 사건은 청산되지 못한 일제 식민지 잔재가 우리 사회에 여전히 갈등을 낳고 있음을 보여주는 대목이라 할 것인데, 왜놈 앞잽이라고 소리치며 돌을 던지는 원길이가 그 행위에서 시원하고 재미까지 느낀다는 것은 해방 전 일제 강점기나 한국 전쟁 당시 폭력적이고 부조리한 현실을 향한 민중의 건강한 저항과는 다르게 청산되지 못한 갈등과 분열이 어린 세 대에까지 이어지고 있음을 느끼게 하는 대목으로 읽힌다. 한국 전쟁의 근원에 대한 되새김이 유년 시절에 대한 소환을 통해 이루어지는 것이다.

해방 후 이념에 의한 갈등과 전쟁, 분단으로 이어지면서 통합되지 못하는 우리 사회의 현실에 대한 절망과 비판이 어이지는 것은 자연스러운 과정이라 할 것이다. 「붉은 언덕」(사상계, 제141호, 1964.12)은 한국 전쟁 때 무서운 전투가 벌어져 수많은 사람이 죽어간 곳이다. 그런데 봄이 오면 언제 그런 일이 있었냐는 듯이 진달래꽃이 만발한다. 외국 사절단 방문 시찰에 앞서 아름답고 살기 좋은 우리 고장이라는 주제로 연구 수업을 하리라 생각한 유 선생은 학생들에게 고장의 아름다움을 강조하기 위해 붉은 언덕 밑에도 금덩어리 은덩어리가 묻혀 있을 것이라고 이야기한다. 그 말을 들은 윤길이와 인수, 연이는 더 깊이 파면 보물이 나올 것이라 믿고 토요일 다시 붉은 언덕으로 가서 파기 시작하고, 묻혀 있던 수류탄의 안전핀을 모르고 빼는 바람에 수류탄이 터지면서 윤길이와 인수는 죽고 만다. 그럼에도 애들의 죽음은 묻혀 버리고 며칠 후 외국 사절단이 방문하고 그들에게 붉은 언덕은 살기 좋은 고장의 아름다운 곳으로 소개된다. 한국 전쟁의 고통이 실제적으로 존재하고 있고 살아남은 자들이 그 전쟁의 피해에서 자유롭지 못함을 명시하는 것이 전쟁의 고통과 피해에 대한 올바른 사회적 치유가 분단 국가에서 이루어지지 못하고 묵살되는 부조리한 당대 현실을 통해 함께 제기되고 있는 것이다.

아버지라는 표상의 형상화가 두드러지는 작품은 좀 더 면밀히 볼 필요가 있다. 유년 시절 일제 시대에 순정(純正)하고 늠름하고 외유내강의 교사의 전형이었던 아버지와 억울하게 죽음을 당했던 아버지의 표상에 대한 기억과 겹쳐지는 자신이 통합된 서사는 이미 「수난이대」부터 1970

년대까지 이어진다. 1970년대에 특히 유년 시절의 기억이 현재와 맞물려 서사화되면서 두드러지게 나타나게 된 것뿐이다.[40]

「수난이대」에서 아버지와 아들은 이념적인 인물도 아니며 상위 계층의 지도자적 입장에 있는 인물도 아니다. 그럼에도 한국 현대사의 질곡에 휘몰려 징용과 징집을 당해 둘 다 불구가 되었다. 수난당한 아버지와 아들은 하근찬 자신이 느끼는 아버지와 그 자신의 모습이다. 평범하되 올바른 교사였던 아버지가 이념에 의해 학살당하고 자신 역시 국민방위군에 징집당해 고초를 겪었다. 아버지의 억울한 죽음이 자신에게 또 다른 형태의 억압과 폭력으로 대물림되고 있음을 느끼는 것은 하근찬 문학의 하나의 출발이자 지속적으로 붙들고 있던 문학적 화두였다. 그런 그에게 상처입고 희생당하는 두 세대가 동시에 보이는 것은 당연하다. 아버지와 자신의 모습이 세상의 다른 두 세대들을 함께 보게 한 현미경이 된 것이다.

「흰종이 수염」의 동길이 아버지는 징용 나갔다가 오른팔을 잃고 돌아왔다. 「수난이대」의 만도와 진수, 두 부자가 서로 다독거리며 이 세상을 헤쳐나가리라 다짐하는 모습이 그저 낙관적으로 보이지만은 않는 이유를 우리는 알고 있다. 사친회비가 밀린 동길이는 선생에게 책보를 빼앗기고 학교를 찾아온 아버지는 친구들의 놀림감이 된다. 동길의 아버지는 철저히 낙오자가 되어버린 현실 앞에서 절망한다. 식구들을 먹여 살리기

40 오창은은 하근찬이 자신의 고통스러운 체험을 서사화하는 과정을 거쳐 문학적 통합과 화해의 서사화로 나아가고 있다고 정확하게 지적하고 있다. 하지만 그 계기 혹은 근원을 아버지의 죽음이라는 사건에만 초점을 맞추어 설명하고 있는 점은 아쉽다. 식민지 후반 시기 작가의 유년기를 다룬 소설에서도 아버지에 대한 기억이 중요하게 작용하고 있는 점에서 하근찬에게 아버지라는 존재는 자기 정체성을 찾아나가는 과정뿐만 아니라 체험을 어떻게 기억하고 성찰하며 현재화할 것인가의 중요한 기준이 되고 있음은 분명하다.

위해 그가 겨우 갖게 된 직업은 동네 극장의 움직이는 간판 역할이다.

> "그래 와, 나는 극장에 취직하면 안 될 사람이가? 그것도 다 김 주사, 우리 오야붕 덕택이란 말이여, 팔뚝을 한 개 나라에 바친 그 덕택이란 말이여, 으흐흐흐…내일 나갈 적에 종이로 쉬염을 만들어 갖고 가야 돼. 바로 이 종이가 쉬염 만들 종이 앙이가."(중략)
> 그리고 잠시 후 아버지는 훌쩍훌쩍 흐느끼기 시작하는 것이었다. 두 눈에서 솟구친 눈물이 양쪽 귓전으로 추적추적 걷잡을 수 없이 흘러내렸다. 동길이는 도무지 어찌 된 영문인지 알 수가 없었다.[41]

극장에 취직되었다고 그렇게 좋아하던 아버지가 왜 갑자기 뜬금없이 서럽게 우는 지를 어린 동길이는 알 수가 없다. 그러나 극장 앞에서 희한한 차림을 하고 손님들을 끌어 모으는 움직이는 광고판, 그가 아버지라는 것을 확인하게 되었을 때 '순간 동길이는 가슴이 철렁 내려앉고 말았다. 뒤통수를 여물게 한 대 얻어맞은 것 같았다. 그리고 눈물이 핑 돌았다. 어처구니가 없었다.' 동길이의 눈물과 분노는 어렴풋이나마 세상의 냉정함과 부조리, 그 폭력성을 감지한 소년의 공포에 다름 아니다. 상이군인이 된 아버지뿐만 아니라 어린 아들 역시 상처 입은 불구자 신세에 다름 아니다. 아버지와 동길이는 함께 어깨를 겯고 세상과 힘겹게 싸워 나가거나 동길이가 등을 돌리고 아버지를 부정하는 길밖에 없다.

「노은사(老恩師)」(현대문학, 제265호, 1977,1)에 나오는 진사문 선생은 화자인 한진오의 스승이자 일제 시대 때 그의 아버지와 같은 학교의 교사였다. 그는 당시 이야기를 잘하고 특히 조선어 수업을 열정적으로 하던 젊은 선생이었다. 조선어 마지막 수업 때 꿋꿋이 수업을 마치고는 끝내 눈물을 흘리던 그런 스승이었다. 그러나 몇 십 년 만에 우연히 광화문 지

41 「흰 종이수염」(사상계, 제75호, 1959, 10)(여기서는 『하근찬 선집』, 88쪽)

하도에서 만나게 된 선생의 현재는 그런 유년의 기억을 무너뜨리기에 충분했다.

진 선생이 알려준 직장을 찾아간 화자, '나'는 학원에서 일본어를 가르치고 있는 그를 본다. 일본어를 가르치고 있는 자체가 문제가 아니라 다른 사람이 아닌 진 선생만이라도 그런 모습으로 살고 있지 않으리라던 믿음이 깨져버린 현실 앞에서 차마 진 선생이 수업하는 것을 보지 못하고 돌아 나오고 만다.

진 선생에게서 하근찬의 선친과 작가 자신의 모습이 투영되어 있음을 본다. 하근찬의 기억 속에 일제 강점기 하였지만 고고하고 기품 있고 올바른 교육자로 각인되어 있는 아버지가 살아 있었다면 좋았을 것이라는 상상은 시대를 염두에 두지 않으면 그저 바람에 지나지 않는다. 진 선생이 남루한 모습으로 일본어 학원 강사로 겨우 살아가는 모습은 그에게 충격 이상의 의미를 지닌다고 본다. 아버지가 살아 있었다면 진 선생처럼 씁쓸한 노후를 보내게 되었을 지도 모른다는 것, 그것은 아버지의 비명횡사에 대한 아픔 못지않게 공포스러운 예감이자 현실 인식이다. 현실은 달라지지 않고 여전히 평범하고 순진하고 올곧은 사람들이 소외되고 곤핍하게 살아갈 수밖에 없는 상황이 지속되고 있다는 인식은 식민지 시대, 해방과 분단, 그리고 전쟁과 이제 군부 독재에 의한 국가 독점의 자본주의 체제의 억압성과 편향성, 독점적 분배에 의한 편중서에 대한 성찰을 이끌어내는 것이다. 하근찬 역시 교사로서 전쟁을 겪었고 민중들의 삶을 보았다. 그 역시 진 선생과 다를 바 없는 비루한 삶의 한 가운데에 처해서 헤맬 수밖에 없는 힘없는 소시민에 불과하다는 동질성에 대한 감각이 아버지와 진 선생과 화자 즉 작가를 잇는 인식의 맥(脈)이다. 교사에 대한 인식이 거기에 함께 함은 또한 당연하다. 교사로서의 작가의식이 아버지와 하근찬을 함께 엮는 강한 뿌리이다.

(4) 결론

최근 신작을 발표한 김훈(1949년 생)은 기자간담회[42]에서 '태극기 집회에 나온 내 또래들은 1인 소득 100달러 미만일 때 사춘기를 보냈다. 기아와 적화에 대한 공포감이 있었다. 그때는 기와와 적화가 가장 무서웠다. 그런 잠재적인 정서가 저렇게 됐구나 싶었다. (중략) 집회에 나온 태극기와 성조기, 십자가 이것은 내가 어렸을 적 전개했던 반공의 패턴과 똑 같았다. 갑질의 유구한 전통이다. 태극기와 성조기와 십자가와 반공은 내가 어렸을 적에 기독교 우파와 결탁이 됐다. 그것이 아직까지 남아 있었다'라는 말을 했다.

김훈의 이 발언은 이미 그보다 앞선 세대이자 유년기 식민지 교육을 체험하고 전쟁 당시 아버지의 비참한 죽음을 목격하고 전후 청년기를 보내면서도 반공주의에 매몰되지 않고 균형 잡힌 비판의식을 줄곧 작품을 통해 보여주고 작품을 통해 국가는, 정치는 누구를 위해 존재하며 기능해야 하는가를 역설했던 하근찬의 뛰어남을 새삼 상기시킨다.

하근찬은 집요할 정도로 자신의 체험에 바탕을 두고 일제 강점기 말에서 한국 전쟁으로 이어지는 시기를 지속적으로 형상화해 내었다. 그 엄혹한 시기에 상처입고 고통당하고 희생된 평범한 이 땅의 민중들의 실상을 담아내는 것을 숙명이자 사명, 자기 삶에 대한 정리이자 원(怨)풀이로 하근찬은 여기는 듯하다.

그의 문학은 자기가 머물고 있는 현재, 즉 전쟁과 전후의 시기에 그 시대를 다룬 작품을 정서적 본원과 체험의 장으로서의 토대인 고향과 사람들에 대한 이야기로 출발한다. 이는 고향에 대한 그의 이중적이면서도

42 김훈이 신작 장편『공터에서』를 발간하고 가진 기자간담회에서 한 인터뷰 내용 중에서 발췌. 2017. 2. 7. (http://v.media.daum.net/v/20170207004149003)

통합적인 인식이 가져온 놀라운 작가의식의 결산이다. 그의 고향 의식은 경상도 영천이라는 공간에서 확장되어 민중의 삶이 살아있는 현장으로서의 공간, 한국 현대사의 비극이 존재하는 이 땅 모든 곳이 고향이며 거기에 살아가고 죽어가는 사람들에 고향 사람들이고 자신이 그들의 삶을 이야기해야 한다는 작가의식으로 승화되어 나타난다.

그런데 하근찬은 거기서 머물지 않고, 일제 강점기와 한국 전쟁의 부조리와 상처가 여전히 현재형으로 남아 청산되어야 할 고통으로 존재하고 있음을 직시한다. 그것은 작가 자신의 유년의 기억과 아버지 표상에 대한 소환과 그 의미에 대한 천착에서 비롯되어 나타난다. 일제 강점기를 힘겹게 전력을 다하며 버티며 살아온 만도 세대와 그 세대들의 지난한 삶을 지켜보며 유년기를 보내고 그 유년기의 체험이 인간과 사회를 바라보는 잣대가 되었던 진수 세대, 일제 강점기와 한국 전쟁이라는 시공간의 체험, 만도와 진수의 육체적 훼손과 상실로 나타나는 우리 역사의 상처와 피해자들의 삶은 하근찬 문학을 이루는 뼈와 살이다. 그것은 식민지 시대와 전후 시대가 함께 서사의 장으로 들어오고 그를 통해 현재를 다시 비판적으로 보고 현실의 부조리함을 냉정하게 그러나 씁쓸하게 바라보는 하근찬의 문학적 확장이 이루어낸 성과라고 할 수 있다.

유년의 식민지 체험에 대한 기억과 교사로서의 아버지, 이념 갈등의 소용돌이 속에서 학살당한 아버지, 그리고 징집되어 전쟁을 겪고 아버지처럼 교사가 되어 전쟁으로 가족을 잃거나 정신적, 육체적으로 훼손되어 소외되는 사람들을 보아야 했던 기억, 그리고 분단을 내세우며 억압적 반공주의와 천민 자본주의적 근대화의 군사 정권 하에서 아물지 않고 여전히 통증을 일으키는 상처로 인해 후유증을 앓고 있거나 도태되어 가는 소시민에 대한 간주관적 인식은 공집합을 이루며 끊어지지 않는 하근찬 문학의 대하(大河)를 이룬다.

하근찬 스스로 말한 '전쟁의 피해'와 '일제 강점기 유년의 체험'은 바로 아버지가 만도 세대였고, 자기 자신이 진수 세대였던 하근찬의 실제적이고 구체적인 체험과 기억의 소산이다. 일제 강점기와 한국 전쟁이라는 시공간, 아버지와 아들의 세대적 연결, 육신(肉身)의 상실과 육체적 훼손으로 나타나는 민중의 상처와 삶에 대한 의지가 하근찬 문학의 핵심이자 그의 문학을 제대로 이해하는 키워드이다. 그 체험과 기억의 재현과 현재화, 나아가 미래를 위한 비판적 형상화, 그 지독하고도 끈질긴 작가 정신의 구현이 하근찬의 소설이다.

* 우리나라 현대 작가 중 한 명을 골라 그 작가의 생애에 대한 연보를 작성해보고, 작가의 체험이 잘 드러나 있는 작품을 골라 읽어보자.

2) 역사와 지역 전쟁과 부산

부산은 한국의 동남쪽 끝, 걸어서 갈 수 있는 맨 끝 땅이다. 거기에는 바다가 있다. 바다는 더 이상 걸어서 갈 수 없다는 징표로 나타난다. 바다가 육지라면 이라는 원망을 담아낼 때 바다는 더 이상 낭만과 휴양의 공간이 아니다. 서울에서 대학 다니는 청년이 실연의 아픔을 견디다 못해 무작정 올라탄 기차가 더 이상 갈 수 없이 멈추고 마는 곳이 부산이다. 그럴 때 부산은 종점의 의미를 지닌다.

서울에서 가장 먼 곳, 기차가 더 이상 갈 수 없는 종착역과 바다와 그리고 전쟁이 모이면 어떤 그림이 그려질까. 살던 곳을 타의에 의해 어쩔 수 없이 버려두고 짐짝처럼 기차로 배로 낯선 바닷바람이 뺨을 때리는 부산이라는 곳에 전쟁을 피해 모여든 사람들이 그림을 그린다면 말이다. 이 글에서 이야기하고자 하는 것은 바로 그것이다.

해방 직후 부산은 그러나 종착지로서의 이미지가 아니라 귀국의 통로이자 출발지, 새로운 삶을 꾸리는 터전으로 자리하면서 이주의 중요한 공간으로 작용한다. 한국 현대사에서 부산이 이주의 공간으로 자리하게 되는 것은 해방이후라고 할 수 있을 것이다. 학병, 징용 등으로 해외에 나가 있던 우리 동포들의 귀환으로 인해 급격하게 인구증가가 이루어지게 되며, 이들 중 상당수가 부산에 남게 되기 때문이다.[43]

43 배석만, 「미군정기 부산항과 도시민 생활」, 부경역사연구소, <지역과 역사> 제5호, 1999.2 참조할 것. 이 논문의 조사 내용을 재인용하면 1945년 12월 현재 귀환한 동포의 수는 145,705명이었고 이중 69%에 달하는 100,465명이 부산을 통해 귀국했다고 한다. 당시 언론에 의하면(277쪽 각주 33참조할 것)부산에 잔류한 인구가 최소한 10만에서 20만명 정도로 추산된다고 한다. 이들은 대개 부산항 물자의 하역노동에 종사하거나 항만시설보수 등의 토목공사, 국제시장과 거리의 노점행상 등으로 부산에서 새로운 삶을 마련해갔다. (위의 논문 280쪽 참조)

해방 이후 전쟁 전 부산을 배경으로 한 소설로 알려져 있는 오영수의 「남이와 엿장수」(1949)는 그러나 부산이라는 공간이 삶의 문제, 즉 해방공간이라는 사회적 상황과 삶이 어떻게 맞물려 나타나는 가에 대해 보여주고 있는 소설이라고 하기엔 너무 서정적인 소품에 불과하다. "바다와 시가지 일부가 한꺼번에 내다보이는, 지대가 높고, 귀환동포가 누더기처럼 살고 있는 산기슭 마을"[44]이라는 소설 모두에서 부산이라는 공간을 짐작할 수 있을 뿐이다. 식모살이를 하고 있는 시골 처녀 남이와 총각 엿장수의 수채화같은 한 때 사랑 놀음이 서정적으로 그려지고 있는 이 소설에서 우리가 눈여겨볼 수 있는 대목은 앞의 인용부분에서 볼 수 있는 '귀환동포가 누더기처럼 살고 있는'이라는 부분이다. 해방이 되면서 부산은 고국으로 들어오는 입구의 역할을 하면서 동시에 새로운 종착지, 삶의 터전이 되고 있음을 보여주기 때문이다.

그러나 전쟁으로 인해 부산은 최종의 피난지로써 막다른 곳, 종착지가 되어버린다. 전쟁은 부산으로의 새로운 이주 요인이 되는 것이다. 문단에서도 우파 문학인들을 중심으로 대거 부산으로의 이주, 피난이 이루어진다. 여기서 문인들뿐만 아니라 일반 대중들을 포함해서 이주 혹은 피난과 정착의 이중성 그에 따른 인식과 행위실천의 차이가 발생하게 된다. 이주와 피난과 정착은 사실 하나의 의미망으로 포착되기 어려운 개념일 수도 있기 때문이다. 이주란 말 그대로 살 공간을 옮기는 것이므로 시대적이나 역사적 개념이라고 보기 어렵다. 그렇게 볼 때 피난과 정착이라는 개념은 이주라는 개념 속에 포함된다고 볼 수 있다. 피난과 정착이라는 개념 역시 상대적인 개념이라고 볼 수 없다. 엄밀히 하자면 피난은 이주의 한 동기일 터이고 정착은 이주의 결과론적 개념일 터이

44 오영수, 「남이와 엿장수」, 한국현대문학전집25, 삼성출판사, 1982, 249쪽

다. 문제는 1950년대 한국에 있어서 이주의 결정적 동기로 작용하게 되는 피난과 시대적, 역사적 범주를 넘어서는 이주와의 차이라고 할 수 있다. 즉 전자와 후자는 둘 다 살 공간을 옮긴다는 의미에서 이주라는, 수식어가 붙지 않는 개념 속에 포함될 것인데, 피난과 일반이주와의 결정적 차이는 의지의 관여 여부일 것이다. 즉 피난이라는 이주 형태의 문제는 자유의지와 상관없이 강제적으로 이루어진다는 것이다. 피난 자체도 선택적이라고 볼 수 있지만 피난가지 않으면 안 되는 상황은 개인의 의지를 넘어선다.

전쟁 기간 중에 부산은 바로 그러한 피난가지 않으면 안 되는 자들이 마지막으로 택한 곳이었다. 자유의지로서의 이주가 아닌 강제적 상황으로 인한 이주, 피난이 마무리되는 곳으로서의 부산이 피난 작가들에 의해 어떻게 그려지고 있는가는 그러나 간단히 하나의 모습으로 그려지지 않는다. 여기에 이 논문의 동기와 존재이유가 놓여진다. 피난이라는 하나의 이주 속에 주체의 감각과 인식에 따라서 실향과 정착이 가름된다. 실향과 정착은 또한 주체의 출신성분, 즉 고향과 계층적 조건에 따라 또한 그 모습이 갈라진다. 전후 소설에서 그러한 양상이 어떻게 드러나며 그 차이는 무엇을 의미하는지, 그리고 그 차이 속에서 부산이라는 공간은 어떤 의미를 지니는지 알아보고자 한다.

(1) 절망 속에서 만난 타향, 낯설음

1946년 4월 전조선문필가협회의 전위조직으로 창립되었던 조선청년문학가협회 소속의 김동리를 비롯한 조연현 등에게 있어서 부산으로의 피난은 다른 선택의 여지가 없는 것이었을 터이다. 그들 문인들에 있어 부산행은 말 그대로 피난, 본거지를 잃고 상실감에 빠진 채 선택할 수밖에 없었던 우울과 절망의 하행이었던 셈이다. 부산은 상실과 좌절을 실감나게 하는 현장이었기 때문에 그들 눈에 비치는 항구 부산의 풍경은 우울하기 짝이 없다.

> 빈대떡집은 남포동 뱃머리라고 하는 선창가였다. 바로 코끝에서 싯퍼런 바닷물이 철썩거리고 있었다. 개인 날엔 대마도가 빤히 건너다보인다는 영도(影島)와 송도(松島) 사이의 아득하게 트인 해변 위엔, 안개 같은 구름이 덮여 있고, 그 구름에서 일어 오는 듯한 찝찔한 바닷바람과 함께 이따금씩 갈매기 떼들이 허연 날개를 퍼덜거리며 몰려 오곤 하였다.[45]

소설 속에서 '길여사'로 지칭되는 김말봉 같은 후덕한 부산거주 문인의 보살핌이 있다고 해도 서울에서 내려온 문인들에게 있어 부산은 거처할 곳도, 연명할 그 무엇도 마땅치 않은 곳이었고 또한 하룻밤 사이에 신세가 역전되어 어제의 주인이 오늘 식객이 되어버린 듯한 현실은 받아들이기 어려운 것이었다. 서울에 노모를 홀로 두고 아내와 자식들까지 처가로 보낸 후 홀로 아무런 연고 없이 그저 같은 문인들만 믿고 부산에 내려오는 중구는 그 당시 피난 문인들의 가장 확실한 자화상이라고 할 수 있을 것이다.

> 부산진에 들어서면서부터 기차는 바다로 미끄러지지 않기 위하여 몸을 뒤로 뻗대었다. 초량역에서 본역까지는 거의 한 걸음을 재이듯 늑장을 부렸다.
> 이중구는 팔목시계를 보았다. 여섯 시 이십 분. 어저께 세 시 십오 분 전에 탔으니까 꼭 스물일곱 시간하고 삼십오 분이 걸린 셈이다. 스물일곱 시간하고 삼십오 분. 그렇다. 그동안 중구의 머릿속은 줄곧 어떤 「땅끝」이라는 상념으로만 가득 차 있는 듯 했다. 끝의 끝, 막다른 끝, 거기서는 한 걸음도 더 나갈 수 없

45 김동리, 「밀다원시대」, 한국현대문학전집13, 삼성출판사, 1982, 257쪽

는, 한 걸음만 더 내어디디면 「허무의 공간」으로 떨어지고 마는, 그러한 최후의 점 같은 것에 중구의 의식은 완전히 사로잡혀 있는 듯했다.[46]

중구는 부산을 막다른 곳, 땅끝으로 인식하고 있다. 이러한 공황상태, 절망감은 전후 소설에 전반적으로 나타나는 양상이었다. 서울을 중심으로 한 당시 지식인과 문인들에게 전쟁은 '불의의 타격'이었고, '효과는 경악과 비명이며 현실에의 저주와 패배주의며 관념으로의 피신과 안이한 허무주의와의 결속'[47]이 전후 소설의 전반적인 특징이었다. 중구의 의식은 그러한 풍경, 구체적 현실이 '허무주의적인 공간으로 환원되고 체험적 불안 속에 용해'[48]되는 내면 풍경을 대표적으로 보여준다. 중구는 부산역에서 내리자마자 자기 갈 길을 찾아 흩어지는 사람들이 어디로 가는 것인지 의아하기 짝이 없다.

모두들 어디로 저렇게 찾아가는 것일까? 중구는 그것이 신통해서 견딜 수 없었다. 그들이 모두 부산에 친척을 가진 사람들이 아니란 것은 중구로서도 장담할 수 있었다. 그렇다고 해서 그들이 본시 부산 사람들일 리 없음도 또한 말할 나위 없었다. 그렇다면 그들은 모두 어디로 가는 것일까.[49]

부산이 연고지가 아닌 사람들, 서울을 비롯한 위쪽에서 아래로 아래로 막다른 곳, 부산을 찾아 내려온 사람들이 자신의 눈에 별 다른 좌절감 없이 부산스레 움직이고 어딘가 목적지가 있는 듯 바삐 흩어지는 모습을 그는 이해 못하는 것이 아니라 받아들이기 어렵다. "그들은 이 부산이 「끝의 끝」, 「막다른 끝」이란 것을 모른단 말인가. 이 「끝의 끝」 「막다

46 김동리, 위의 책, 246쪽

47 김병익. 「60년대 문학의 위치」, 『사상계』, 1969. 12

48 정희모. 『한국전후장편소설연구』, 연세대박사논문, 1994, 125쪽 참조

49 김동리, 위의 책, 247쪽

른 끝」에서 한 발짝이라도 옮기면 바다에 빠지거나 「허무의 공간」으로 떨어진다는 것을 잊었단 말인가."라고 혼자 되뇌이는 것은 중구 자신 스스로 내몰렸다는 인식에 깊이 침잠해 있음을 방증하는 것이라고 할 수 있다. 부산 연고의 문인 집에서 느끼는 안온함과 풍요로움이 부담스럽고 불편해 하는 자의식에 사로잡힌 문인이 외로운 예술가가 스스로 목숨을 끊는 절망의 피난처인 밀다원 다방은 어쩔 수없이 숨어든 곳이지 정착하고픈 곳은 아니다. 밀다원 다방을 벗어난 부산은 오죽하랴. 제주도 행을 택해야 할 것인가 말 것인가의 최종 선택을 하지 않아도 되는 상황이 온 것은 그야말로 천행이라고 할 수 있을 터. 그 천행이 밀다원 다방을 1955년 김동리로 하여금 쓰게 한 것일 터이다. 잠깐 동안의 부산 피난 시절, 말 그래도 잠깐 동안이었기에 그래서 지금 그 곳에 있지 아니하기에 어느 날 겪었던 가슴 아팠던 시절로 기억할 수 있다는 것이다.

1953년 손창섭이 발표한 소설 「비 오는 날」의 휴전 직전의 부산은 작가의 자의식, 실존주의적 허무주의가 투영된 아니 발현되기 너무나 적당한 곳이었기 때문에 김동리의 소설보다 일상적인 그러나 모순되게도 비현실적인 좌절과 슬픔의 감정이 과잉증폭되어 넘쳐흐르기 딱 좋은 곳으로 작용한다.

전쟁 발발 후 다시 만난 동욱과 원구에게 부산은 낯선 땅, 새로운 이주공간이다. 그들에게 부산은 지난 날로 되돌아갈 수 없는 절망의 공간이다. 비와 낯선 피난지, 그리고 절망적인 생활이 전부인 부산은 그들에게 희망의 공간, 정착지로 다가올 수 없다. 원구가 동욱을 처음 찾아가던 날의 풍경은 이 소설의 전부를 말해준다.

> 동래(東萊) 종점에서 전차를 내리자, 동욱이가 쪽지에 그려준 약도를 몇 번이나 펴보며 진득진득 걷기말짼 비탈길을 원구는 조심히 걸어올라갔다. 비는 여

전히 줄기차게 내리고 있었다. 우산을 받기는 했으나 비가 후려치고 흙탕물이 뛰고 해서 정강이 밑으로는 말이 아니었다. 동욱이가 들어 있는 집은 인가에서 뚝 떨어져 외따로이 서 있었다. 낡은 목조건물이었다.[50]

겨우 찾아간 그 집은 그러나 사람이 살 만한 집이 못된다. '왜정 때 무슨 요양원으로 사용되어온 건물'이라는 그곳은 창문에 유리창 대신 가마니때기가 늘이어 있다. 그런 집을 보며 원구는 도깨비집을 떠올린다. 장마가 시작된 어느 날, 동래 종점에서 흙탕물이 정강이까지 튀어 오르는 진탕길을 걸어 근처엔 인가도 없이 외따로 떨어진 산비탈의 폐가와 같은 집을 찾았던 원구 본인은 말할 것도 없고, 동굴 같고 무덤 같은, 겨우 다다미가 깔려 있을 뿐, 천장에선 비가 줄줄 새는 방 안에서 자조와 원망과 절망 속에서 연명하고 있는 동욱 남매에게 남아 있는 것은 아무것도 없다. 1.4 후퇴 때 부산으로 내려온 동욱 남매에게 남은 것은 비새는 흙바닥 집과 냉소와 절망뿐이다. 소아마비로 움직이는 것조차 힘든 동옥의 우울과 그런 그녀에 대해 위악적인 태도를 보이는 동욱의 절망의 그늘은 비 내리는 부산 속에서 정착하지 못하는 피난민의 모습을 나타낸다. 역시 생활고에 시달리던 원구가 다시 찾았을 때 동욱 남매는 이미 그 흙바닥 집에서조차 사라지고 없다. 군대에 끌려갔을 거라는 동욱과 종적도 없이 사라진 동옥. 그들이 결국 사라져 버려 숨어버린 부산은 원구에게 무엇이었을까.

김동리에게 부산은 잠깐 어려웠던 시절, 가지 않았음 더 좋았을 아니 그저 유람삼아 여름에 찾아 갔으면 좋았을 항구 도시였고 손창섭에게 있어서 부산은 삶에 대한 허무를 직접 목도하게 만들고 그것을 분명히 깨닫게 한 증거로서의 현장이었던 것. 그들 모두에게 부산은 새로운 이

50 손창섭, 「비 오는 날」, 『20세기 한국소설 16』, 창비, 2005. 16쪽

주의 공간도, 사람들이 살아 숨 쉬는 일상이 존재하는 공간도 아니었던 것이다.

일상적인 공간, 생활이 존재하는 공간임에도 불구하고 여전히 부산은 낯선 곳이고 자신은 마치 그 곳에서 이방인인 듯 한 느낌 속에서 부유하고 있는 인물을 그리고 있는 작품이 휴전되던 해인 1953년 발표된 안수길의 「제3인간형」이다. 전쟁 기간 당시 안수길 역시 부산으로 피난 온 문인 중에 한 사람이었는데, 이 작품은 전쟁 기간과 부산을 시공간으로 하여 '전후 현실을 살아가는 몇 가지 인간의 유형을 사실적으로 묘사함으로써 어떤 것이 진정 올바른 삶인가를 묻고 있는'[51]작품이다.

이 소설의 주인공 석은 이제 부산 생활 삼년 정도 접어든, 아직 해운대에도 가보지 못한 타지 인물이다. 학교 교사로 근무하는 석에게 비치는 부산 영도를 배경으로 한 '갈매기 해변을 차고 떼지어 넘노는 사이를, 갈빛 짙은 풍선이 미끄러져 나가는 풍경, 그런 풍선이 선이 부드러운 영도 구릉을 배경으로 천천히 지나가는 풍경은 한 폭의 화제가 되기에 넉넉' 하건만 오히려 그러한 풍경보다는 토요일 오후의 몹시도 단조한 풍경이 그의 마음에 와 닿는다. '배경만 있는 빈 무대'같은 풍경이 '석의 마음속 풍경과 조화를 이루어주는 것이라 느껴진'다. 그러한 그는 삼년 만에 연락이 닿아 만나게 되는 조운과 낙천적 성격의 문학 소녀인 미이를 만나면서 자신은 누구이며 왜 존재하는가에 대해 심각하게 성찰하고 자문하게 된다. 결국 그는 '사변의 압력으로 그의 사명을 포기'한 조운과 '사변을 통하여 용감하게 시대적 요구에 응할 수 있는 사람으로 변한' 미이, 그 누구와도 자신은 동류가 아니며 자신은 '사명을 포기치도 그것에 충실치도 못하고 말라가는 사변이 빚어낸 한 타입',즉 제3인간형이라고 자

51 「체험의 형상화와 저항의 기록」『20세기 한국소설 11』, 창비, 2005, 278쪽

조적으로 평가하고 만다. 그에게 있어 부산은 그저 생계를 구하는 낯선 곳에 불과할 뿐, 삶의 의미를 구하고 적극적으로 현실에 대응하며 살아가는 긍정적인 정착지가 되지 못하는 것이다.

그러나 이호철에게 부산은 그들과는 다른 곳이었다. 북한 원산이 고향인 이호철은 1950년 19살 고3의 나이에 인민군으로 징집되어 삶의 고비를 넘나들다가 그 해 12월 9일 부산으로 단신 월남한다. '큰 트럭으로 부산 중심가를 지나 경남도청으로 가는 도중에 길가 점포의 광경이 인상적'[52]으로 보였던 이호철은 아직 10대도 벗어나지 못했던 소년에 불과했다. 문인도 되지 못했고 가족도 없었고 아무런 연고도 없는 그저 고아 수준에 불과했던 소년에게 부산은 받아들이기 어려운 힘든 현실이었고 그만큼 고통스러웠지만 그에게 부산은 일상이었다. 살아남아야 한다는 것, 그것은 분명 앞선 작가들이 부산에서 갖는 우울과 좌절과는 너무나 다른 것이었다. 부산 3부두에서 부두 노동을 하며 하루하루 버텼던 이호철은 이후 제면소 도제, 미군 부대 경비원 등을 전전한다. 이때 경험이 바탕이 되어 그를 소설가로 만든 작품이 「탈향」이고, 주목받는 작가로 만든 작품이 「소시민」이었던 것이다. 이 두 작품이 앞선 작품들과 다른 점은 거기에는 부산에 자신의 의지와 상관없이 밀려 내려온 피난민들, 이주민, 그들의 생생한 일상이 살아있기 때문이다.

이호철의 소설에 등장하는 평범한 소년, 소시민들인 이주민, 피난민들에게도 역시 꿈이었음 싶은 고통의 피난 시절, 그러나 잠시일 거라는, 이어야 한다는 절박함은 앞선 작품들의 인물들처럼 절망 속에서 타인의 아픔, 일상을 볼 수 있는 여유를 허락하지 않는다.

청년으로 성장해가는 소년들의 상처와 극복을 다룸으로써 일종의 성

52 이호철, 「작가 주요 연보」, 『이호철 문학선집 1』, 국학자료원, 2001, 446쪽

장소설이라고도 볼 수 있는「탈향」은 반영론적 관점에서 보면 월남 피난민의 전쟁으로 인한 실향과 정착의 과정을 보여준다. 느닷없이 닥친 전쟁 앞에서 속수무책으로 떠밀려 내려온 월남 피난민이자 아직 어른이 채 되지 못한 소년들에게 피난지 부산은 바로 절망의 공간으로 다가오지 않는다. 그러기에는 그들이 갖고 있는 현실감각이 아직 둔한 탓이고 어른이 되지 않은 탓이고 그만큼 상실감이 실감나지 않기 때문이다.

소설의 전반부에 보이는 히히덕거림, 그저 잠깐 낯선 곳에 머무를 수밖에 없을 때의 불안감과 그러나 곧 안온한 고향에 돌아갈 것이라는 낙관이 빚어내는 히히덕거림은 기실「밀다원시대」의 중구를 비롯한 피난문인들의 좌절과「비오는 날」의 원구나 동욱 남매의 처절한 절망과 냉소와 별반 다르지 않다. 단지 그들이 좀 더 진지하게 대놓고 좌절과 절망의 포즈를 취하지 않는 것은 소년들이고 그만큼 현학적, 지식연하지 않으며 따라서 불안을 그렇게 히히덕거림으로 얼버무리고 낯선 곳에서의 소외를 감당해내는 것이다.

"야하, 언제나 고향 가지?"
두찬이는 혀 꼬부라진 소리로,
"이제 금방 가게 되잖으리."
"이것도 다아 좋은 경험이다."
"암, 그렇구말구."
"우리, 동네 갈 땐 꼭 같이 가야 된다, 알겐."[53]

소설 앞부분에 보이는 이들의 대화에는 이러한 낙관적 전망만이 가득하다. 그것은 갑자기 북쪽 고향에서 남쪽 끝 항구도시에 내팽개쳐진 듯한 현실을 부정하고 따라서 지금의 고통스러운 일상을 극복해내고자 하

53 이호철「탈향」, 이호철 문학선집 5, 국학자료원, 2001, 12쪽

는 의지가 있지만 그만큼 부산이라는 도시를 정착지로 전혀 여기지 않음, 아니 인정할 수 없어하는 속내를 보여준다. 부산은 그저 한 때 잠깐 경험처럼 머물다 갈 곳으로 인식하는 것이다. 부산은 철저히 타향이며 낯선 곳이다. 실향의식만이 가득할 뿐이다. 이런 점에서 앞선 작품들과의 대비는 흥미롭다. 정반대의 감각과 감정, 절망과 히히덕거림이라는 정반대의 감각과 인식 그러나 동일한 공간으로서 인식되는 부산, 즉 정착지로서의 공간이 아니라 잠시 머물 곳으로 인식된다.

그러나 결정적으로 「탈향」에서의 부산이라는 공간이 앞선 작품들과 달라지는 지점은「탈향」에서 부산이라는 공간이 절망의 공간으로 인식될 때, 아이러니하게도 바로 그 순간 즉 앞선 소설들에서의 인물들과 마찬가지로 절망의 공간으로 부산을 인식하게 되는 그 순간 정반대의 방향으로 뻗어나가는 반전에 있다. 「탈향」에서 처음과 끝은 수미상관하듯 닮아 있다. 하원이의 동일한 독백으로 이루어져 있는 처음과 끝은 그러나 전혀 다른 속내를 갖고 있다.[54] 눈 내리는 겨울의 고향을 떠올리며 내뱉는 하원의 독백이라는 동일한 모습을 하고 있으나 모두(冒頭)의 독백은 앞서 지적한 낙천적인 히히덕거림이지만 소설 말미의 독백은 상실감에 빠진 절망적 울부짖음에 가깝다. 고향에 쉽사리 돌아갈 수 없을 것이라는 현실감은 절망감을 불러온다. 그러나 이 소설의 주인공은 그 절망감에 빠져 부산을 세상의 끝으로 인식하지는 않는다. '고향으로 쉽사리 돌아갈 수 없다는 것이 현실로 다가오면서 결국 지금 이곳에서 살아가는 문제가 당면사안이 된다. 그것은 자기 힘으로도 얼마든지 새로운 환경 속에서 살아갈 수 있음을 스스로 확인하는 일, 곧 홀로서기를 해야 함을 의미한다. 이제 실향민, 즉 타자로서의 자기를 넘어서서 생활인, 정상인

54 이 차이에 대한 자세한 분석은 졸저 『1960년대 소설연구-일상,주체 생산, 그리고 자유』(새미, 2001), 44-45쪽 참조바람

의 테두리에 편입되어야 하는 것'[55]을 인식하게 된다. 부산은 새로운 공간, 정착지로 인식된다.

(2) 새로운 가능성의 공간, 그 양면성

> 쉽사리 고향으로 못 돌아갈 바에는 늘 이러고만 있을 수는 없다. 달리 변통을 취해야겠다.[56]

낯선 곳의 일상이, 그 미세한 흐름과 사람들의 살아 움직이는 생활이 보이기 시작하는 것은 바로 이러한 인식에서 출발한다. 절망과 자조, 혹은 외면과 허한 낙관은 자신의 내면만을 뚫어지게 보게 할 뿐이다. 그 결과는 소외뿐이다. 부산이 그저 한 순간 머물다 갈 곳, 부정하고 싶은 현실의 허한 배경으로만 존재할 때 보이지 않던 것들이 부산을 정착지로, 새로운 삶의 모색공간으로 인식할 때 보이기 시작한다.

김동리의 「밀다원시대」에서 바다에 빠져 죽어야 하는 수밖에 없다고 소리치는 송화백를 비롯한 밀다원에 모여 있는 예술가들 모두 기실 중구와 별반 다를 바가 없다. 그런데 문제는 부산이 중구나 그들 부류의 생각처럼 막다른 곳, 그저 내리막을 달리다 바다에 빠질 수밖에 없는 기차의 운명을 마감하는 곳만은 아니라는 사실이다. 안종호의 말처럼, 부산은 "일조유사지시(一朝有事之時)엔 제주도로 가든지 대마도로 가든지, 혹은 일본으로 가든지, 미국으로 가든지 자유자재"로 할 수 있는 새로운 가능성의 공간, 열린 공간으로 인식하고 있는 인물들도 있다는 사실이다. 부산을 단지 잠깐 머무는 타향으로 인식하는 것이나 다른 곳으로 가

55 이호규, 위의 책, 45쪽

56 이호철, 「탈향」, 『판문점』, 이호철전집 1, 청계, 1988, 3쪽

기 위한 경유지로 인식하는 것의 차이는 별반 다르지 않을 수도 있다. 하지만 절망과 자조가 빚어내는 타향인식과 새로운 삶의 모색을 위한 변화의 공간으로 인식하는 것은 분명히 다르다. 새로운 변화가 폭발적으로 생성되는 공간으로서 부산을 인식하는 것은 부산을 새로운 삶의 근거지로 받아들이겠다는 의지가 작용한다. 그럴 때 참혹한 전쟁이 빚어낸 절망의 현실은 새로운 가능성이 꿈틀대는 살아 있는 현장이 된다. 그러한 변화하는 현실을 가장 잘 짚어내고 있는 작품이 이호철의「소시민」이다.

「탈향」에서 고향에 쉽사리 돌아가지 못함을 받아들이고 새로운 변통을 찾아 나서고자 하는 주인공이 '향'을 '탈'하면서 눈물을 삼키고 삶의 현장으로 뛰어들 때, 생활인이 되어 부산이라는 삶의 터전 속으로 용감하게 돌진할 때 거기에는 다른 작가들이 보지 못한 부산의 현재가 들어온다.

> 질금질금 내리는 늦봄 비가 며칠이 계속되어 남포동 선창가 일대는 엉망으로 질퍽해져 있었다. 길 가생이의 가스 불, 포장 달구지에서 와글와글 피어오르는 연기, 똑딱선이 그득히 정박한 올망졸망한 바다를 향해 쭈그리고 앉은 사람들, 불결하게 짠 바람, 짤막한 먼 뱃고동 소리, 기름이 진하게 깔린 바닷물이 뱃전에 부딪혀 철썩대는 소리, 거기 엇비치어 스멀거리는 배의 등잔 불빛들….
> 이 무렵의 부산 거리는 어디서 무엇을 해먹던 사람이건 이곳으로만 밀려들면 어느새 소시민으로 타락해져 있기 마련이었는데 더구나 아침 저녁으로 부두 노동자들이 들끓고 있는 남포동 일대는 서민의 살갗을 짙게 느끼게 하였다.
> 그런 대로 그 즈음은 이 근처에도 활달한 기운이 떠돌고 있었다. 북쪽으로 떠나가는 사람이 많았다. 한창 북진을 할 때라, 내일내일 하고 올라들 갈 채비들로 마음이 바쁜 판이었다. 성급한 사람들은 앞일에 대한 자상한 예측도 가림도 없이 오로지 고향에만 돌아가고 싶은 마음에서 점령 지구의 치안을 맡는 일선 경찰에 응모하여, 먼저들 떠나가는 것이었다.[57]

57 이호철,「소시민」, 이호철문학선집 1, 국학자료원, 2001, 13쪽

전쟁터에도 사람은 살아야 하고, 전쟁터에서도 돈 버는 사람은 있기 마련이다. 전쟁의 아이러니, 그러기에 전쟁은 사람들을 바꿔놓고 도시를 바꾸고 세상살이를 바꾸어놓는다. 피난민들이 들끓는 부산은 떠나는 자와 남는 자들로 붐비고 떠나고 싶으나 떠나지 못하거나 새로운 삶을 마련해 스스로 남는 자들은 변화하는 세상살이에 어떻게든 적응해서 살아남아야 한다. 부산은 잠시 머무는 피난지, 절망의 끝이 아니라 새로운 삶이 시작되는 역동의 현장이 된다.

> 미국 물자는 부산 바닥에도 고르게 퍼지는 것이 아니라, 그 본래의 논리를 좇아 지그재그를 이루고 있었다. 그 물자를 둘러싸고 새로운 피나는 경쟁이 벌어지고, 새로운 뜨내기 부유층이 형성되어 갔다.
> 결국 부산은 일선과는 다른 양상으로 밤마다 타오르고, 여기서부터 한국 사회의 새로운 지평이 열려지고 있었다. 살아갈 기력이 없는 퇴물들은 쓸려 가고 기력이 있는 자만 남아 나게 마련이었다.[58]

전쟁이 가져온 부산의 변화를 이호철은 정확하게 소설 속에서 이야기하고 있다. 안수길은 석이와 조운과 미이, 그 세 사람의 인간형에서 과연 누가 옳은 것인지 석이를 통해 묻는다. 그들은 모두 전후 부산 사회를 형성해 나가는 데 있어 한 축을 형성한 뜨내기들, 이주민들이라는 점에서 옳고 그름의 문제는 개인의 문제, 가치관의 문제, 신념의 문제일 수는 있어도 전후 부산 사회의 형성기를 이주민의 입장에서 바라보는 객관적 시선은 되지 못한다. 여기 중요한 점은 뜨내기들, 이주민들이 부산에서 살아남는 방식으로써는 논의할 수 있을 것이라는 점이다. 즉 뜨내기 부유층과 퇴물들, 기력이 있는 자가 그러하다.

조운은 운수업을 하는 처삼촌과 함께 사업을 시작해 피난으로 오히

58 이호철, 「소시민」, 위의 책, 52쪽

려 한 몫을 보게 되었고 부산으로 진출해 승합과 버스 영업을 시작해 보고자 한다. 그는 '뜨내기 부유층'으로 부산에서 정착할 것이고 전쟁으로 모든 것을 잃어버렸으나 스스로 용감하게 새로운 삶을 개척해 나가고자 하는 미이는 '기력이 있는 자'로 또한 부산의 새로운 주민으로 살아갈 것이다. 이주공간으로서의 부산은 그렇게 전후 시대를 거치면서 이루어져 나가는 것이다.

「소시민」에서 부산 바닥에서 감각적으로 현실의 습속의 논리를 간파하면서 재빠르게 적응해나가는 김 씨와 광석이 아저씨 같은 인물이 조운과 같은 인간형이라고 볼 수 있을 것이다. 그에 반해 정 씨는 '살아갈 기력이 없는 퇴물'로 서서히 스러져 간다.

그런데 문제는 이러한 변화를 바라보는 작가의 시선이라고 할 수 있을 것이다. 조운과 미이를 바라보는 석이의 시선, 정 씨와 김 씨를 비교해 생각하는 '나'를 통한 작가의 시선, 그리고 중구를 통해 보이는 문인들의 다양한 행태와 중구의 눈을 통해 표현되는 작가의 인식 등은 참으로 닮아 있다. 석이는 조운을 사명을 포기한 자로, 미이를 충실한 자로 말한다. '미이가 조운의 마음에 던져준 충격 이상의 충격을 석도 받지 않을 수 없었다'라고 작가는 말한다. 어느 인간형이 옳은가 라고 묻지만 긍정적 인간형은 미이 한 사람에 다름 아니다. 이러한 시선은 이호철에게서도 마찬가지다.

> 솔직한 얘기가 나는 아직 그들 나름의 순정으로 받아들이고 있는 그들의 체계와는 관계 없이, 다만 모든 사람이 미치기 시작하고 무너지기 시작하는 마당에서, 어느 모서리 냉엄하고 건실한 것을 견지하고 있는 정 씨의 그 어느 면인가에 반해 있고 의지하고 싶었던 것이다.[59]

59 이호철, 「소시민」, 위의 책, 62-63쪽

자신의 신념을 버리지 않은 채 부산 바닥에서 서서히 꺼져 가는 정씨는 보는 작가의 시선은 긍정적이고 그만큼 정씨의 몰락을 바라보는 시선이 안타까움에 젖어 있다. 세월이 흘러 60년대에 만난 정씨의 아들을 보면서 자신이 전후 시대를 얼마나 약게 살아왔는가를 반성하는 주인공의 내면에서 그런 점은 더욱 확실해진다. 그것은 60년대 다시 만난 광석이 아저씨의 모습에서 퇴화를 보는 시선과 동일하다. 세상에 얼마나 약삭빠르게 적응하며 사는가 하는 것이 진정한 삶의 문제가 될 수 없다는 시선을 일반적으로 작가의식으로 평가해볼 수 있으나 전후 부산이라는 공간과 그 공간에서 각자 나름대로 적응해 살아온 이주민들을 관계지어 놓고 보면 그러한 시선은 다시 보아야 할 문제라고 생각된다.

속물적이고 따라서 타락한 천민 자본주의가 전쟁이라는 계기를 통해 물밀듯이 밀려오는 공간으로서의 부산은 약삭빠르게 세태의 흐름에 적응해가며 살아가는 간교와 술수를 지닌 이주민들의 성공 현장으로만 인식될 가능성이 있다는 점이다. 과연 전후 부산. 이주공간으로서의 부산은 그러한 악다구니가 판을 치고 속물적인 습속의 논리만이 횡행하고 그러한 논리에 감각적으로, 약삭빠르게 적응하는 자들만이 자리 잡아 나가는 그러한 부패하고 타락한 도시에 불과했던가. 다시 한번 생각해 봐야 할 것이다.

> 주인과 주인 마누라는 부산에도 차츰 퍼지기 시작하는 평양 냉면 타박을 하기 시작하였다. 그놈의 냉면인지 뭣인지 때문에 밀국수가 안 나간다는 것이었다.[60]

밀국수의 퇴조와 평양 냉면의 유행, 토착과 이주의 변화가 이처럼 간단명료하게 두 문장으로 표현된다. 그러한 시대가 전후 시대였고 그러

60 이호철, 「소시민」, 위의 책, 57쪽

한 변화가 이루어지던 곳이 부산이었다. 그렇게 부산은 전후 시대를 거치면서 새로운 이주공간으로 자리 잡아 나갔고 그러한 이주민들이 모여 하나의 거대한 공동체 사회를 이루어나갔던 것이다.

* 우리 역사에서 비극적인 사건을 하나 골라 그 사건을 소설화한 작품이 있는지 찾아보고 대표작을 골라 함께 읽어보자. (예 - 위안부 문제, 제주 4·3 사건, 1980년 광주민주화운동, 1987년 민주화운동 등)

3) 문학과 사회 '타자'로서의 발견, '우리'로서의 자각과 확인

'1990년대 중반 이후의 중국동포는, 20002년 말 현재 불법체류자 수만 8만 명에 가까운, 한국내 전체 불법체류 외국인 인구의 4분의 1, 전체 중국국적 불법체류자 수의 절반을 차지함으로써 '경제적 이주노동자'의 성격을 강하게 지니고 있다'[61]

실제로 현재 한국 사회에서 독특한 말투를 가진 조선족 출신의 이주민들과 만나는 일은 허다할뿐더러 낯선 일도 아니다. 노동 현장에 있지 않은 일반인들이 만나는 그들은 대개 식당에서 마주치게 되는 아줌마들이긴 하지만 그 상황이 이미 우리와 함께 그들이 살아가고 있음을 오히려 실감 있게 보여주는 것이 아닐까 싶다. 하지만 그들을 대하는 우리는 묘한 이중적 심리 상태에서 혼란을 겪고 있는 것도 사실이다. 동포라는 사실과 낯선 타자라는 상반된 감정이 빚어내는 인식과 행동의 이율배반 때문이다. 이러한 이중적 심리는 그들에 대한 무관심과 경계로 나타난다.

'한국사회 전반의 외국인 이주노동자에 대한 인권 차별에 관한 논의에서 조선족은 한인계 이주자이자 중국 국적 (외국인) 이주노동자란 복합적 성격을 지닌 소수집단으로, 완벽한 소외집단과 인권보호 대상으로서의 관심의 주변부로 몰리거나 민족주의적 감정에 호소한 동포정책에 의존하는 딜레마를 안고 있다. 그러한 배경에는, 이들이 다른 외국인 노동자 소수집단과 비교할 때 인종차별이란 사각지대에서 다소 벗어나 있으며 완벽한 한국어 구사로 인해 극심한 소외(alienation)와 배타(exclusion)를 겪지 않고 불법 노동활동을 자유로이 할 수 있는 '비교적'유리한 위치에 놓인 소수집단이란 의견이 뒷받침된다. 그러나 다소 유리한 소수집단인 듯하면서도 대다수가 '동포'라는 유명무실한

61 김명희, 「한국내 조선족 정체성과 한국관」, 사회과학원, <사상>, 2003, 가을호. 통권 제58호, 183쪽

이름하에 불법의 위치에서 다양한 3D 업종의 중심 노동력으로 수도권의 새로운 하층민 계급을 형성하는 조선족의 '복합적' 지위는 그들을 점점 더 주변인과 경계인(border person)의 위치에 놓이게 하고 있다.'[62]

위의 글에서 지적하고 있는 사항을 한국인, 즉 내국인들이 인식하고 있다고 보기는 어렵다. 조선족들에 대한 내국인들의 무관심과 경계, 혹은 차별은 막연한 무지와 편견에서 이루어져 일상에서 무의식적으로 배어나온다. 막연한 편견이 낳는 무지는 더욱 경계의 벽을 높이고 단단히 하는 결과를 가져오기 마련이다. 동포라는 인식, 즉 동포는 누구이며 한국 사회에서 정책적으로나 사회적으로, 혹은 심정적으로 어떻게 받아들여야 올바른 것인가 하는 구체적인 인식적 틀이 마련되어 있지 못하기 때문에 동포라는 인식에서의 껴안음보다는 낯선 그리고 '우리'보다 못한 타자라는 인식에서 나오는 경계 짓기가 더욱 자연스럽게 일상화되어 나타나는 것이다.

'많은 한국인은 조선족에게 '우리나라'(한국인의 주인적 관점에서 볼 때)는 '한국'일 것으로 오해하고 있으나, 실제로 그들에게, '우리나라'는 중화인민공화국이다. 중국조선족에게 한국, 대한민국은 '조상의 나라'이지만 '모국'은 아니다. 중국조선동포들에게 '우리나라'란 중화인민공화국을 의미하며, '우리 민족'이란 표현을 쓸 때 비로소 한국을 포함하는 범민족적 의미에서 조선족의 정체성을 강조하는 의미가 된다.[63] 이러한 사실은 조선족에 대한 우리의 정책과 사회적 인식, 그리고 실천적 일상이 변화되어야 한다는 사실을 냉정하게 일깨운다. 그리고 민족, 동포의 개념에 대한 정확한 인식과 현 시대에 걸맞은 새로운 패러다임, 그에 맞는

62 김명희, 위의 글, 184-185쪽

63 김명희, 위의 글, 195-196쪽

실천적 행위가 뒤따라야 한다는 사실을 일깨운다. 그러한 변화는 우선 그들이 우리와 함께 있다는 사실을 깨닫는 데에서부터 시작할 수 있을 것이며 그러한 깨달음을 통해 그들의 문제는 '우리'의 문제이며 함께 한다는 연대의식으로 나아갈 수 있을 것이다.

이러한 작업은 최근 일고 있는 디아스포라 문학의 틀 안에서 한국 문학의 내연과 외포를 확장하는 것으로 크게 볼 수 있을 터. 최근의 재외 한국인 디아스포라 문학에 대한 관심과 연구는 "'본국인'들은 대체로 이 땅을 '버리고' 떠난 해외동포들을 약간은 고의적인 무관심으로 대해온"[64] 과거에 대한 반성과 "한민족공동체를 '문화공동체'로, 열린 문화코드로 접근할 필요"가 맞물려 나타난 것이라 볼 수 있을 것이다. 그런 연유로 재외 한국인의 디아스포라 문학에 대한 관심과 연구는 재외 디아스포라 문학의 소개, 즉 재외 한국인이 창작주체가 되어 그들의 이야기를 쓴 그들의 문학을 소개하고 분석하는 데 집중되어 왔다.

본 논문은 앞 단락에서 지적한 바 재외 한국인의 문제를 보다 더 '우리'의 문제로 인식하는 데 있어서는 내국인인 우리가 창작주체가 되어 재외 한국인과 내국인의 문제를 함께 '우리'라는 공동체 속에서 인식하고 그것을 형상화해내는 작업이 이루어져야 한다는 생각에서 출발했다. 그러한 연구의 동기 속에서 2000년대 이후 한국 현대 작가들과 작품 속에 특히 조선족은 어떤 모습으로 어떠한 무게와 질로 나타나고 있는가를 살펴보고자 한다.

이러한 작업은 한국 사회의 주요한 문제가 되고 있는 조선족의 문제를 소설화함으로써 사회적 인식의 전환을 꾀하고 나아가 비문학적 운동들과의 연계를 지향하는, 즉 소설적 지원을 통한 인식의 변화와 실제적

64 최원식, 「민족문학과 디아스포라」, 『창작과비평』 2003년 봄호, 25쪽

인 정책의 변화를 이루는 데 힘을 더하고자 하는 진보적인 한국 현대 작가들의 행보를 가늠해볼 수 있는 것이 될 것이다. 이는 이제 외면할 수 없고 해서도 안 되는 한민족 통합의 길에 하나의 문제적 축으로 조선족의 문제가 자리하고 있다는 사회적 쟁점을 문학을 통해 확인하는 길 또한 될 수 있을 것이다.

(1) 한국 현대소설의 공간적 확장, '타자'로서의 발견 – 한국인과 조선족

한국의 조선족 정책은 (이러한) 명분이나 목표와는 별도로 1980년대 후반부터 한중관계의 개선과 함께 소수의 재중동포들이 입국하면서 그들의 방문을 어떻게 인정할 것인가를 두고 시작했다고 할 수 있다.[65] 하지만 재중동포에 대한 정책결정자들의 진지한 고민이 없이 실무적인 편의, 즉 국내 노동력의 수급현황, 대중외교에 대한 고려, 조선족의 대거 입국에 대한 불안감 등의 실무적 요소에 따라 그들의 입국을 처리해왔고, 따라서 조선족을 새 법의 적용대상으로 삼고자 했을 때는 중국과의 외교적 문제가 제기되었다고 정천구는 설명하고 있다. 정천구의 논의에 따르면 1999년 9월 공표된 재외동포법에서 조선족을 적용대상에서 제외시킨 것은 중국의 압력을 피하고자 하는 정부의 의도 때문이었고 그 때문에 조선족의 반발을 일으키게 된 것이라는 것이다.[66] 결국 2001년 11월

---

65 정천구, 「제7장 조선족, 탈북자 그리고 한중관계」, 한국통일전략학회, 『통일전략』, 제6권, 제1호, 2006, 8, 196쪽

66 중국 정부가 조선족 자치주에 등장할 위험이 있는 한국민족주의를 경계함으로써 이미 1998년 한국정부의 재외동포법 제정 추진에 대하여 우려를 표명하면서 조선족은 중국의 공민이기 때문에 그들을 대한민국의 재외동포법에 포함시키는 것은 중국의 주권침해에 해당된다고 항의했던 것이다. 이에 중국과의 마찰을 우려한 한

헌법재판소는 이 법에 대하여 헌법불일치 판결을 내렸고 2004년 월 6일 문제가 된 조항을 개정했으나 시행되지 않았고 2008년 1월 현재 개정된 법에 의해 한국에 들어온 중국동포는 한 명도 없다[67]고 한다.

한국 내에서 그들을 다룬 기사나 프로그램 등이 제작, 발표되면서 그들에 대한 일반 대중들의 관심이 증폭되기 시작한 것은 1990년대 후반부터 2000년대 이후라고 할 수 있다. 그리고 2000년대 이후 한국 소설에도 조선족을 소재로 한 소설이 등장하기 시작한다. 조선족을 주인공으로 하거나 혹은 조선족이나 중국 연변 지방, 중국 현지를 소설의 배경으로 등장하는 소설이 창작되는데, 이러한 소설들은 기실 그 주제적 면에서 조선족이나 그들의 삶, 즉 중국에서의 삶이나 한국으로 이주한 이후의 삶을 본격적으로 다루고 있다고 보기 어렵다. 이들 소설에서 주된 인물은 한국인이며 조선족이나 그들의 삶은 부수적이거나 배경으로 자리하고 있을 뿐이다. 그러한 양상을 보이는 소설들이 이응준의 <아마 늦은 여름이었을 거야>[68]와 김연수의 <이등박문을, 쏘지 못하다>[69], 김인숙

국정부가 원래의 입법안을 변경하여 재외동포법에서 사실상 중국의 조선족과 러시아내의 고려족을 제외시키는 법을 제정하여 1999년 12월부터 시행하였던 것이다, (정천구, 위의 글, 197-198쪽 참조)

67 <그것이 알고 싶다> 459회 (SBS) 2008,01,19 참조 법무부에서는 2007년 3월부터 재외동포법상의 재외동포(F-4) 체류자격 부여의 전 단계로 25세 이상 중국, 구소련 지역 동포에 대해 고국을 방문, 취업할 수 있도록 하는 방문 취업제를 실시하고 있다. 이는 국내에 친척 등이 없는 무연고 동포에 대해서도 한국말 시험 등을 통해 입국이 가능하도록 하여 중국 동포들이 상대적으로 다른 재외동포에 비해 차별받아왔던 불만을 조금은 가라앉힐 수 있게 되었다. 하지만 방문 취업제는 재외동포법을 시행하기 이전의 한시적이며 과도기적인 제도이기에 여러 가지 부작용이 우려된다. 또한 노동시장의 혼란문제, 산업재해 발생피해를 최소화하는 문제, 단순노무직에만 집중되어있는 중국동포들의 재교육문제 등은 앞으로 시급히 해결해야할 과제로 남아있다.

68 『문학동네』, 2003, 여름, 35호

69 『문학동네』, 2004, 봄, 38호

의 <감옥의 뜰>[70]이다.

이응준의 <아마 늦은 여름이었을 거야>에서 현재 공간적 배경은 중국의 심양이다. 소설 속 화자 '나'는 조선족이 아닌 한국인이며 그는 삼년 전 쯤 음반회사 사장을 따라 심양에 왔다가 영남이라는 조선족 남자와 의형제를 맺고선 그의 손님 자격으로 쭉 심양에 눌러 살고 있다. 심양의 코리아타운이라고 할 수 있는 서탑, '중국어 한마디 못해도 조선 사람이라면 아무런 불편없이 살아갈 수' 있는 그곳에서 시작한 영남은 이제 심양 전체를 관리하는, 즉 암흑가의 보스이다. 그는 '요녕대학교 축구부에 뽑혀들어가 명목상으로만 철학과에 적을 두었는데, 한족 중심의 인종차별에 부딪혀 국가대표 선발에서 제외되자, 일찌감치 주먹과 검은 돈의 세계로 전향'하여 '동포노동자들의 남한 입국 루트를 독점'하면서 강력한 조직의 일인자가 된 인물이다.

그와 의형제가 되어버린 '나'는 그의 극진한 대접을 받으며 심양에서 하는 일이라곤 '낮에는 안마를 받거나 마작을 하다가, 초저녁부터 영남이 패거리와 고급 술집들을 순례한다. 그리고 밤늦게 호텔로 돌아와서는 여자를 부른다.' 가끔 영남은 자기 애인 중에서 가장 아끼는 금화로 하여금 나의 시중을 들게 한다. 금화는 사범학교 출신으로, 박봉의 교사직을 버리고 영남의 여자가 된 인물이다. 금화는 영남의 지시에 따라 '나'를 위해 관광도 시켜주고 말벗도 되어주며 밤에는 여자를 붙여주기도 한다. 그런 금화와 '나'는 결코 해서는 아니 될 관계를 맺게 되고, 그 사실을 알게 된 영남은 '나'의 손가락을 자르는 대신 칼등으로 어깨를 내리침으로써 '나'의 잘못을 용서해준다. 그러나 '나'는 이제 '중국에서의 전부와 결별함으로써, 자해보다 덧없는 방황'을 끝내고 싶은 마음에 영남과

70 『문학동네』, 2004, 여름, 39호

금화에게 캐나다로 이민 간다고 거짓말을 하고 한국에 돌아와 버린다.

중국 심양에서 영남과 금화라는 조선족 남녀와 한 때의 애증이 얽힌 관계에 얽혀 있던 인물이 다시 한국에 돌아와 그때를 떠올리며 금화라는 여자에게 뜬금없는 전화를 하는 것으로

끝나는 이 소설은 '나'라는 한국인을 중심으로 조선족의 일상을 보여주거나 혹은 그들에 대한 '나'의 인식을 통해 조선족에 대한 한국인의 사고방식과 그에 대한 담론을 제시하는 소설은 아니다. 소설 속 화자인 '나'에 있어서 중국 심양은 한국이라는 상처만 가득한 공간을 도망쳐 간 탈주의 공간일 뿐이며 또한 결국 상처를 확인하게 되는 힘겨운 공간으로 작용한다. 그에게 있어 중국 심양 혹은 영남과 금화는 중국 심양이 아니어도 상관없고 영남과 금화가 따라서 조선족이 아니어도 별 상관이 없다. 이렇게 보면 이응준이라는 작가에게 있어 중국 심양과 조선족은 새로운 소설적 공간이며 소재에 한정되고 있다는 인상을 받게 된다. 이러한 인상은 소설 속에 삽입되어 있는 심양에 대한 역사적 소개의 낯설음에서도 받을 수 있다.

이 소설의 초점은 주인공 '나'가 중국에 가기 전 한국에서의 경험에 초점이 맞추어져 있으며 중국에서의 경험도 남의 여자인 금화와의 사랑이 한국에서의 자신과 플롯을 구성하고 있을 뿐이다. '나'의 부모는 화목한 부부가 아니었고, 어머니는 암으로 이미 세상을 떠났고 어머니 생전 서로에 대한 멸시와 증오를 풀지 못했던 아버지는 다른 여자와 살고 있다. 아버지는 알지 못했지만 어머니에게도 애인이 있었다는 사실이다.

> 내가 사랑을 멸시하는 것은, 그것이 쉽게 썩어문드러져 미움의 거름이 되기 때문이다.[71]

71 이응준, 206쪽

결국 이 소설의 초점은 한 사내의 사랑을 잃어버린 상처에 맞추어져 있다. 그도 한국에서 이혼하고 그 후 아버지를 이해하고 연민하게 되었으나 그렇다고 스스로의 상처, 사랑에 대한 믿음의 상실이 극복되거나 치료된 것은 아니다. 그런 그가 중국 심양에서 암흑가 보스의 여자와 사랑에 빠진다. 그러나 그는 그것 또한 사랑이라 인정할 수 없다. 자신의 정액을 마시며 자신을 깊이 새겨놓겠다고, 영원히 못 잊을 거라고 얘기하는 여자를 버려두고 귀국하는 것은 아직도 사랑의 상실감에서 벗어나지 못했음을 보여주는 것이다. 해서 그는 소설 말미에서 말하는 것이다. '항상 이런 식이다. 신은 지워지지 않는 상처로 모습을 드러내곤 하였다. 그건 고통받은 너였지. 어째서 나는 내 고통밖에는 달리 사랑할 도리가 없을까?'라고. 따라서 이 소설은 조선족을 본격적으로 다룬 소설이라고 보기는 어렵다.

김연수의 <이등박문을, 쏘지 못하다>도 이응준의 소설과 다르지 않다. 하얼빈이라는 공간은 소설 속에서도 너무나 이국적으로 묘사된다. 거기다 시간적 배경도 추운 겨울, 하얼빈의 겨울 풍경은 한국에 살고 있는 독자들에게는 이국적 정서를 불러일으키기에 충분하다. 그 공간에 성재라는 주인공은 동생 성수를 데리고 우울한 여행을 하고 있다. 성수를 동반한 성재의 하얼빈 여행은 마흔 한 살 먹은 동생 성수의 결혼 때문이다. 성수의 아내로 조선족의 여자를 사고자 하는 것이 이 여행의 목적이다. 성수는 언어장애를 겪고 있는 자폐증 환자로 보인다.

> 어릴 적부터 성수는 공을 가지고 놀다가도 공이 이불 밑이나 책상 밑으로 들어가면 언제 공을 가지고 놀았느냐는 듯이 완전히 잊어버렸다. 성수에게는 눈앞에 존재하는 것만이 세상의 모든 사물이었다. 자기 눈앞으로 불러들여 손으로 만질 수 있는 것만이 성수가 아는 세계의 전부였다. 성수는 복선이라는 게 없는 동화책과 같았다. 성수가 아는 세계에는 아무런 인과관계가 없었으며, 따

라서 슬픔이란 없었다. 모든 일은 그저 인과관계 없이 일어나는 일에 불과하므로. 우우, 우우 성수가 아무리 뭐라고 우는 소리를 낸다고 해도 그건 다만 생리작용의 결과에 지나지 않았다.[72]

그런 성수의 아내감를 찾아 하얼빈에까지 오게 된 것이다. 하얼빈에서 삼백 킬로미터나 떨어져 있다는 해림에서 왔다는 조선족 남자와 성수의 아내가 되고자 같이 온 조선족 처녀, 그들을 차에 태우고 온 한족 청년과 성재는 만난다. 목수였던 여자의 아버지는 '모종의 일로 공안(公安)에게 끌려가 가슴팍을 한 대 얻어맞은 뒤로 시름시름 앓다가 죽어버렸다.' 장녀인 그녀는 홀어머니를 봉양하며 살다가 이제 성수의 아내가 되고자 이 하얼빈에 온 것이다. 그녀는 이제 스물네 살이다.

결혼을 놓고 조선족 남자와의 흥정이 이루어지는 가운데 자신의 동생과 조선족 처녀와 그리고 황량한 하얼빈의 풍경 속에서 성수는 이번 일을 없었던 것으로 하고자 한다. 처녀를 만나고 온 그 날 밤 혼자 몰래 처녀에게 청혼의 뜻을 담은 편지를 쓴 동생의 행동을 성재는 이해할 수 없고 그 마음을 짐작하려고 하지도 않는다. 결혼 얘기를 없었던 일로 하려는 성재에게 더듬거리며 죽고 싶다고 말하는 성수 못지 않게 성재 역시 삶에 대한 희망이나 의욕은 찾기 어렵다.

마흔 살이 넘어서면서 성재는 세상의 일들을 짐작하는 버릇을 그만뒀다. 세상의 일들은 늘 짐작과는 달랐다. 하늘을 날던 그 새들이 갈매기일 수 없듯이, 해림에는 바다가 없듯이. 더 이상 세상의 일들을 짐작하지 않게 되면서부터 인생이란 그저 사소한 우연의 연속처럼 보였다. 이제 성재에게 인생이란 납득하는 일이지, 따져보는 일이 아니었다.[73]

72 김연수, 154쪽

73 김연수, 155쪽

이 소설은 이미 삶에 대한 치열한 욕구를 잃어버린 한 사내의 서글픈 여행담이다. 장애를 가진 동생이 그의 삶을 지리멸렬하게 만든 이유라는 사실이 중요한 것이 아니라 장애를 가진 동생의 결혼을 위한 하얼빈 여행은 오히려 그저 인생이란 우연의 연속이며 따질 수 없이 그저 받아들여야 하는 것이라는 우울한 허무적 깨달음의 또 하나의 계기일 뿐이다. 이 소설의 초점은 거기에 있다. 하얼빈의 황량한 겨울 풍경, 자신을 기꺼이 매물 시장에 내어놓은 조선족 처녀, 그 처녀를 놓고 흥정을 벌이는 조선족 남자 모두 그저 그러한 우연적 삶의 희생자일 뿐이다. 이 소설 역시 하얼빈이라는 공간과 조선족의 삶은 부수적으로 작용하고 있음을 알 수 있다.

하지만 여기서 하나의 출발점, 가능성으로 지적할 수 있는 문제는 조선족과 한국, 중국과의 관계에서 발생하는 사회적 문제들에 대한 소설적 개입, 그를 통해 나타나는 작가의 관심이라고 할 수 있다. 두 소설에서 공히 드러나는 문제는 우선 중국에서의 조선족이 겪는 사회적 차별에 대한 암시와 코리안 드림의 한 방식으로 나타나는 조선족과 한국인의 결혼 문제이다. <아마 늦은 여름이었을 거야>에서 조선족인 영남은 중국 내 조선족 차별로 인해 축구선수로의 꿈을 버리고 암흑가의 사람이 되었다. 그리고 그가 하는 일은 같은 조선족 동포를 한국에 보내주는 브로커일인데 그것은 조선족 내에서의 갈등을 유발하는 사회적 문제를 작가가 인식하고 있음을 보여준다. 영남의 사업 자체의 문제를 이 소설에서는 다루고 있지 않지만 그러한 조선족 동포 사회 내에서의 문제가 영남의 불법적 사업의 핵심임을 보여줌으로써 조선족 사회의 문제점을 간접적으로나마 인식하게 만든다.

그리고 이 소설에서 박봉의 교사직을 버리고 영남의 여자가 된 금화의 사정 역시 변화하는 조선족 사회의 단면을 보여준다. 그녀는 생계를 책임지기 위해, 즉 돈을 벌기 위해 영남의 여자가 되었고 또한 그에게서 벗어나기 위해 한국 남자와의 위장 결혼을 계획한다. 사업차 중국을 오가는, 아들이 둘 있는 홀아비와의 결혼을 고민 중인 금화, 그런 그녀에게 한국은 조선족에 대한 편견이 심해서 힘들 것이라고 말하는 주인공 '나'의 대화에서 중요한 사회적 문제를 인식할 수 있다. <이등박문을, 쏘지 못하다>에서도 나타나는 문제는 조선족 여성과 한국 남성의 결혼 문제이다. 장애인인 중년의 한국 남성과 생계를 위해 그와의 결혼을 원하는 젊은 조선족 여성의 문제는 소위 코리안 드림의 그늘진 모습 중에 하나이다. 이러한 문제들이 위에서 살펴본 소설들에서 본격적으로 다루어지지 않으나 그러한 문제들이 작가적 관심의 포충망에 걸려들어 소설적 주제의 형상화에 기여하고 있다는 사실이다.

2004년 발표된 김인숙의 <감옥의 뜰>[74]은 위에서 살펴본 소설들보다 더 조선족의 문제가 후퇴한 듯한 느낌을 준다. 하얼빈을 소설적 공간으로 하고 있지만 이 소설에서 하얼빈이라는 공간은 '삶의 물결이 밀어낸 생의 가장자리에서 만난 사람들'인 규상과 화선에게 한국이 아닌 도피의 공간, 몰락의 공간으로 인식되고 그렇게 소설 속에서 비추어질 뿐이다. 규상과 화선은 조선족도 아니며 그들의 의식은 내내 한국에서의 과거에 머물러 있다. 그러기에 중국 하얼빈에서의 그들은 지쳐있고 안간힘을 쓴다 해도 그 모습엔 몰락의 냄새가 짙게 배어 있다. 규상은 '서른일곱 살에 이혼을 당했고, 같은 해에 비리 사건에 연루되어 퇴직을 당했고, 서른다섯 살에 이미 주식에 손을 댔다가 집을 통째로 날려버린 경험' 있고, 퇴직 후 중국으로 와서 북경에서 형 일을 거들다 하얼빈에까지 오게 되었다. 그는 여기서 관광사업 및 가이드 일을 한다. 화선의 중국행 역시

74 김인숙, 『문학동네』, 2004, 여름

밝지 못하다. 초등학교에 다니는 아이를 이혼한 남편에게 맡기고 무작정 중국에 왔다는 그녀는 악착같이 중국어를 배우고 치열하게 살았으나 '그와 달라 보이지 않았다.' 결국 그녀는 건강 문제로 귀국했다가 암 판정을 받고 죽고 만다. 그녀의 사망 소식을 그녀의 남편(사실 법적으로 이혼은 하지 않았다)으로부터 전해들은 규상은 그저 그녀의 생각에 젖어들 뿐이다. 이들에게 중국은 새로운 개척지, 도전할 만한 땅도 아니며 그들에게 조선족 역시 관심의 대상이 되지 못한다.

이들 소설에서 보이는 것은 중국과 조선족에 대한 타자 의식과 거기에 나타나는 거리감이다. 작가와 소설적 공간인 중국과 조선족의 거리는 소설 속에서 그대로 인물과 중국이라는 공간과 조선족에 대한 거리감으로 명확히 드러난다. 이들 소설에서 중국과 조선족은 새로운 소설적 공간과 소재로 등장할 뿐 주제면에서는 초점의 대상이 되지 못한다. 단지 간접적으로 드러날 뿐이다. 이 소설에서 보이는 중국 내에서의 조선족의 현실과 한국과의 관계 속에서의 조선족의 문제가 좀더 본격적으로 거리감을 좁히면서 나타나는 소설이 앞서 살펴 본 <감옥의 뜰>의 작가 김인숙의 또 다른 소설, <바다와 나비>[75]이다.

한국 정부의 조선족에 대한 정책면에서의 불완전함, 미숙함과 함께 실질적인 면에서 '한국이라는 고국이 코리안 드림이라는 환상으로 조선족 사회와 연결됨으로써 조선족 사회는 새로운 문화를 경험하게 되고 물질적 혜택을 입었다.'[76] 정천구가 자신의 논문에서 인용하면서 정리하고 있는 연변대 민족연구소 박금혜의 논문[77]에 따르면 반면 조선족 사회

75 김인숙, 『실천문학』, 2002, 겨울

76 정천구, 위의 글, 200쪽, 이에 따르면 2002년 한 해 조선족이 한국으로부터 벌어들인 외화수입은 4억 7,000만 달러로, 이는 2001년 연변재정수입의 2배에 해당한다고 한다.

77 박금해, 「중국 조선족 사회의 현실과 바람직한 미래상」

에 심각한 문제 또한 가져왔다고 한다. 그 첫째로 심각한 인구문제. 대도시로의 인구 이동과 함께 한국으로의 인구이동과 특히 한국으로 시집가는 처녀들이 많아 조선족의 인구성장률이 급감하고 있다는 것이다. 둘째 민족교육의 침체를 든다. 인구의 도시이동과 인구성장의 부진으로 조선족 중소학교의 규모가 날로 축소되고 또한 한족학교를 택하는 조선족이 많아 민족교육이 위기를 맞고 있다는 것이다. 셋째로는 전통적인 도덕가치관의 실추를 든다. 한국행으로 인한 장기별거, 이혼, 위장 결혼 등으로 이혼율이 많아지고 전통적 가치관이 무너지고 있다고 한다. 한국에서 벌어온 돈으로 무절제한 허영과 향락에 빠지는 경우도 적지 않다는 것이다. 넷째, 코리안 드림이 민족정체성의 동요를 가져왔다는 것이다. 생활세계의 확장과 다양화는 결과적으로 조선족을 단일한 집단으로부터 다양한 집단으로 나뉘게 했으며 민족주의 감정까지 대두되어 조선족 사회의 민족정체성이 동요하게 되었다고 본다.

이러한 조선족 내에서의 문제가 한국의 현실태와 맞물려 나타나면서 변화된 인식, 타자로 인식하는 거리감에서 점차 새로운 타자로서의 발견, 그리고 공감으로 확장되고 있음을 보여주는 소설이 <바다와 나비>라고 할 수 있다.

'내 아이를 세계인으로 만들고 싶어서'라고 중국행의 이유를 다른 사람들에게 떠벌리며 중국으로 오게 된 '나'는 기실 남편과의 실제적인 이혼을 선언하고 무작정 아이를 데리고 떠난 것이다. 그녀의 중국행은 말하자면 도피인 셈이었고 그런 면에서 앞서 살펴본 소설들의 주인공들과 별반 다름이 없다. 그러나 이 소설의 주인공에게 조선족 여자 채금은 깊숙이 틈입해 들어오고 그녀 본인의 삶에 못지 않게 채금과 그의 가족의 이야기는 소설의 중심으로 자리한다.

중국에서 만난 채금은 주인공 '나'의 어머니가 하는 국밥집에서 일하는 조선족 여자의 딸이다.

> 채금의 어머니는 내 어머니의 식당에서 주방일을 하는 사람이었다. 내 어머니의 말에 의하면, 채금의 어머니는 딸을 한국으로 데려오기 위해 마흔 살도 넘은 식당 야채 납품업자에게 딸을 넘겨버렸다. 그러니 앉은 자리에 풀도 안 날, 지독하고 그악스러운 여편네가 아니겠느냐고, 어머니는 기가 막힌 표정으로 나를 빤히 쳐다보기까지 했다.[78]

채금의 어머니는 우리가 가장 흔히 만나게 되는 한국 사회의 조선족 여자의 모습이다. 유달리 우리는 식당에서 일하는 조선족 여성을 많이 접하게 된다. 이는 '술에 취해가는 밤의 도시는 조선족(재한조선인)들의 가장 넓은 돈벌이 무대이다. 이들은 보통 간병인, 가정부, 막노동 생활을 하지만, 여성들의 경우에는 주점이나 음식점에서 일하는 경우가 많다. 고된 일이지만 일자리를 쉽게 구할 수 있기 때문이다. 조선족은 한국인들이 꺼려하는 19개 업종에만 취업할 수'[79]있기 때문에 벌어지는 상황이다. 식당에서 일하는 여성, 단란주점이나 노래방 도우미로 일하는 조선족 여성의 모습은 나중에 살펴 볼 탈북자 여성들과 다르지 않다. 더욱 심각한 상황은 '현행법에서 한국 국적을 신청한 사람은 일을 못한다. 그러나 국가에서는 이들에게 단 한 푼의 지원금도 주지 않는다. 어디에서든지 돈을 구해 '참고 버텨라'는 식이다. 생계가 어려워 일하러 나갔다 잘못 걸리면 벌금이 100만원이다. 배보다 배꼽이 더 크다. 미등록(불법체류)상태에서는 단속에 걸리면 강제로 출국을 당한다. 체불된 임금조차 받지 못하고 중국으로 떠나는 경우가 허다하다.[80]는 사실이다. 이러한 사실을

---

78 김인숙, <바다와 나비>, 『실천문학』, 2002, 겨울, 262쪽

79 「"한국 국적이 있어도 조선족은 외국인이에요" 우리 동네에 사는 조선족들」, 『월간 말』, 2007. 3월호, 160-161쪽

80 위의 글, 163쪽

악용하는 한국의 사업주와 그들의 횡포에 꼼짝없이 당하는 조선족의 현실은 이미 사회적 이슈가 된 지 오래이다. 이 소설의 현실적 인식이 드러나는 부분은 바로 다음과 같은 부분에서이다.

> 어머니는 손바닥만한 국밥집의 수입으로 아파트 서너 채를 사서 챙길 정도로 억척스러웠고, 그 부동산 문서의 어느 한 장도 결코 자식들에게 내보이지 않을 정도로 그악스러웠다. (중략) 주방이나 홀에서 일을 하는 사람들은 국밥 속의 고기뼈가 무르듯이 온종일 몸을 몰아쳐야 했다. 그렇다고 특별히 월급이 많은 것도 아니어서, 첫 월급을 받아 챙긴 이튿날 아침에는 다시는 출근하지 않는 사람들이 많았다. 어머니는 점점 더 악착같고 그악스러워졌고, 어머니의 가게에는 신분이 불안정한 사람들이 급하게 빈자리를 대신 메우곤 했다. 채금의 어머니도 그런 사람 중의 하나였다. 그녀는 불법체류 중인 조선족이었고, 그런 까닭으로 적은 월급과 과중한 노동에도 불구하고, 어머니의 식당에서 몇 달을 버텨내고 있는 중이었다.[81]

그렇기에 채금의 어머니는 악착같을 수밖에 없고 그런 채금의 어머니를 바라보는 주인공 '나'의 어머니의 시선은 부당하게 왜곡될 수밖에 없다. 더욱이 채금을 한국의 중년 남자에게 결혼시켜 데려오고자 하는 채금의 어머니는 '나'의 어머니의 눈에는 인정사정없는 지독한 여편네로 보인다. 그런 채금이 '나'에게는 딱해 보이고 그녀 가족의 삶의 신산함이 새삼 가슴으로 다가온다. 한국으로 시집와 생활하는 외국인 여성들이 겪는 가정불화, 이혼, 사회적 차별로 인한 생활과 육아 문제는 조선족에게도 그대로 해당되는 사항이다. '조선족과 한국인의 국제결혼에는 문제가 많다. 조선족들은 한국 국적을 얻기까지 온갖 수모를 참아야하며 가족들에게 돈을 보내려고 해도 제약이 많다. 이를 참지 못하면 이혼을 선

81 김인숙, <바다와 나비>, 262쪽

택하게 된다. 한국 국적을 얻게 되면 이혼은 더욱 잦아진다.'[82]

채금의 결혼 얘기를 들으며 조선족 여자와 한국 남성과의 불행한 결혼 뉴스들을 떠올리는 '나'는 짐짓 자기와 상관없다고 능치지만 채금으로 구체화되는 조선족 여성의 삶은 이미 그녀에게 자신의 삶과 연관시켜 진지하게 반성하게 만드는 계기가 된다.

> 어쨌거나 나하고는 상관이 없는 일이었다. 한 조선족 여자가 그렇게 야반도주를 결심할 때까지, 그들 부부 사이에 어떤 일이 있었는지…여자는 조선족이란 이유로 어떤 수모를 당했는지…그 여자가 견딜 수 없었던 것이 모욕인지, 분노인지, 그리움인지…사라진 것은 그 여자의 주민등록증뿐만이 아니라 그런 사연들 역시 마찬가지인 것이다.[83]

그러한 공감은 직접 찾아가 본 채금의 집과 그녀의 아버지를 보면서 더욱 깊어진다. '따듯한 온돌을 느끼는 순간, 별수 없이 우리는 같은 핏줄이구나 싶은 생각이 들'고 '어릴 적 목격해야만 했던 한 죄수의 총살형에서의 충격으로 한 쪽 눈을 실명했다고 믿는', 그래서 나머지 눈도 잃었어야 한다고 생각하는, 삶에 지칠 대로 지친 채금의 아버지를 보면서 현실에 짓눌려 힘겨운 삶을 연명해나가고 있는 '우리'의 모습을 본다.

채금의 아버지가안 봤더라면 좋았을 것이라고 생각하는 것은 무엇이었을까. 아들의 대학 학비를 마련하겠다고 한국에 나간 이후 6년 간 소식이 없는, 그 아들이 교통사고로 목숨을 잃었을 때에도 돌아오지 않았던 아내, '온몸이 피투성이가 돼서 팔다리가 덜렁거리는', 그러나 쉬이 죽지도 못하고 고통스러워하던 아들의 마지막 모습, 그리고 이제 자기보다 겨우 열두어 살 정도밖에 어리지 않은 한국의 낯선 중년남자에게 딸

82 위의 글, 165쪽

83 김인숙, 위의 글, 263쪽

을 시집보내야 하는 현실, 아직은 어린 딸의 모습, 그 모든 것일 터이다. 삶은 그렇게 '가마솥 속의 개고기 뼈가 다 무르도록, 아주 오래오래…흠씬 두들겨맞아 나달나달해진 살 속에서 진국의 국물이 다 빠져나올 때까지 천천히 천천히…아주, 아주 오래, 오래' 고통스러운 것들, 죽음보다 더한 것들을 보고 또 보고 해야 하는 것이라는 채금의 아버지의 인식은 그가 얼마나 삶의 고통 속에서 빠져 나오지 못하고 절망하고 있는가를 소름끼치게 보여준다.

그저 그들의 삶은 자기와 상관없다고 생각하던 '나'의 인식에 깊숙이 들어오는 조선족 가족의 이야기는 이제 타자를 넘어, 막연한 거리감을 넘어 진한 공감을 바탕으로 한 '우리', 외면할 수 없는 우리 민족의 이야기로 부각된다. 하지만 <바다와 나비>에서 보이는 이러한 성취도 여전히 자신만의 현실적 문제, 고뇌에 빠져 있는 한국인인 '나'와 남편에게 집중되어 있는 서사 속에서 전면화되지는 못한다. 김기림의 시, <바다와 나비>에서 제목을 따온 것이 분명해 보이는 이 소설에서 결국 청무밭인 줄 알고 내려앉았다가 깊은 바닷물에 날개가 젖어 슬픈 나비는 '나'와 남편이기 때문이다.

(2) 소외와 차별, 부당한 '타자'인식에 대한 비판 – 탈북자와 조선족

2000년대 이후 새롭게 한국 현대소설에 등장하고 있는 조선족이라는 주체와 중국이라는 공간, 그리고 한국과의 연관성이라는 주제는 위에서 살펴본바 젊은 한국 작가들에 의해 한국인이라는 자기를 중심으로 중국과 조선족을 바라보고 접근하고 있는 한 경향이 있음을 알 수 있었다. 다른 경향으로는 진보적인 작가들에 의해 창작된 탈북자를 다루는 소설 속에서 찾아볼 수 있다. 이 소설들에는 탈북자와의 관계를 중심으로 조선족과 중국이 등장하고 있으며 그러한 관계 속에서 탈북자의 위치와 현실적 문제를 중국과 한국이라는 공간을 배경으로 천착하고 있다.

> 중국 동북3성에는 북한에서 탈출하여 은밀히 거주하고 있는 많은 수의 우리 동포가 있다. 이들은 우선 조선족 사회 내에서 머무르면서 한국이나 제3국으로 갈 수 있는 기회를 찾게 된다. 이들은 중국 당국에 의해 언제라도 불법월경자(不法越境者)로 체포되어 본국인 북한에 강제 송환될 위험에 처해 있으며 열악한 생활 속에서 인권침해의 사각지대에서 살고 있다. 이러한 상황은 조선족 문제와 함께 한국의 민족정책을 시험하는 사안이 되며 중국과의 관계에서 주요한 쟁점 중의 하나가 되었다.[84]

충심이라는 한 탈북여성의 삶을 연작소설로 2000년대 들어 꾸준히 발표하고 있는 정도상의 소설들은 그녀의 인생 역정을 통해 중국 내에 불법적으로 거주하는 탈북자의 현실과 또한 그들의 한국 사회에서의 삶을 추적하고 있다.[85] 한 연작 소설이라고 할 수 있다. 이 일련의 연작 소설은 탈북자를 주인공으로 하여 그들의 삶을 본격적으로 다루고 있다. 하여 본 논문에서는 충심이라는 탈북여성과 조선족의 삶이 함께 맞물려 나타나고 있는 작품을 주요 대상으로 다루고자 한다.

'선양에서 두만강을 건너온 처녀를 우연히 만난 후, 스스로 금기로 여겼던 유랑의 이야기를 쓰지 않을 수 없었다.'[86]라는 창작 동기가 바로 소

---

84 정천구, 위의 글, 202쪽

85 2006년부터 2008년 최근까지 발표된 연작소설을 모아 출간된 것이 정도상 연작소설 《찔레꽃》(창비, 2008.7)이다. 연변대학에서 학회 발표 당시에는 출간되지 않았던 터라 이 연작소설집을 다루지는 못했다. 발표 논문을 수정하면서 접하게 되었는데 작품 중에 미발표 소설인 <풍풍우우風風雨雨>도 들어 있었다. 잡지에 게재되었던 작품은 아니지만, 조선족의 삶이 충심의 삶과 맞물려 나타나고 있는 작품이라 다루는 것이 좋다는 판단하에 발표논문을 수정하면서 같이 언급하기로 한다.

86 정도상, 《찔레꽃》창비, 2008.7.「작가의 말」, 241쪽

설의 내용으로 되어 있는 작품이 <겨울 압록강>(웹진 『문장』, 2008. 2월호)이다, 잡지 게재일 보면 늦은 축에 속하는 이 작품은 그러나 연작 소설 창작의 동기가 고스란히 들어 있는, 프롤로그에 해당하는 작품이라고 할 수 있다. 이 작품은 어린 아들을 저 세상으로 먼저 보낸 후 허황한 마음을 가눌 길 없어 스스로 유랑을 떠난 인물이 몇 년 전 우연히 중국 변경에서 만난 이북출신의 화교 여성을 미나라는 조선족 안마사와 함께 찾아 나서는 이야기이다. 그 자신이 찾고 싶었던 것, 다시 보고 싶었던 '촌 아낙네의 풋풋함'은 어쩌면 자신의 허망함을 메워줄 수 있는, 새로운 기력과도 같은 것을 터이다. 이 소설은 이런 면에서 앞서 살펴본 한국인(내국인)과 조선족을 다룬 소설에서 보이던 그 거리감이 두드러진다. 서사의 중심은 중국을 찾아간 허망함에 몸서리치는 한국인에게 맞추어져 있다.

하지만 정작 찾아 나섰던 여자는 찾지 못하고 조선족으로 알고 있었던 미나라는 여성이 탈북자라는 사실을 알게 되자 상황은 바뀐다. 슬쩍 미나를 모른 척 하고 도망치려던 주인공에게 미나가 불쑥 밀고 들어오는 순간, 말 그대로 영혼의 유랑이 아닌, 실제적 삶의 유랑을 겪고 있는 탈북자의 처절한 삶이 서사의 중심으로 들어오게 되는 것이다.

1인칭 주인공 시점으로 되어 있던 <겨울 압록강>이 이제 3인칭 전지적 작가 시점으로 바뀌면서 미나, 아니 충심이라는 탈북여성의 삶을 찬찬히 재구성해내기 시작하는 것이다. 본 논문에서는 연작 소설 전체를 다루지는 않는다. 본 논문의 주요 연구 대상은 한국 작가와 조선족에 맞추어져 있기 때문에 정도상의 연작소설 전체는 탈북자라는 주제로 따로 연구가 이루어져야 한다. 여기서는 연작 소설 중에서 탈북자와 조선족의 삶이 맞물려 나타나고 있는 몇 작품에 한정해서 살피고자 한다. 그 작품 속에서 탈북자와 조선족이 작가에 의해 어떻게 드러나고 있는지를 살펴보려 한다.

<풍풍우우>는 탈북 이후 북만주 국경 지역 조선족 마을에 각각 팔려간 충심과 미향이 그곳을 벗어날 때까지의 참담한 기록을 담고 있다. 거의 제 정신을 놓은 미향은 아버지와 아들로부터 번갈아가며 성 유린을 당하는 비참한 생활을 이어가고 충심 역시 홀어미와 사는 영출이라는 조선족 남편 영출을 만나 지옥 같은 하루하루를 이어간다. 이 소설에는 탈북자와 조선족 마을을 관계가 구체적으로 그려져 있는데, 이를 통해 탈북자와 조선족 모두 한민족 공동체 안에서 피해자들임을 알게 된다.

> 서울에 있는 영출의 어머니는 삼년 동안 식당에서 벌어 모은 돈을 모두 사기당하고 지금은 불법체류자가 되었다. 그나마 서울에서 보내온 돈으로 양어장이랍시고 콧구멍만한 저수지를 하나 샀고, 나머지는 모두 영출이 약담배 피우는 것으로 소비해버렸다. (중략) 한국바람이 분 뒤로 금산촌의 조선족은 농사를 멀리했다. 그전에는 한족 마을인 석하촌보다 농사를 훨씬 많이 지어 부촌으로 이름이 드높았는데 지금은 쪼그라들고 말았다.
> 한국바람은 젊은 여자들을 마을에서 실어내갔다. 그 바람에 조선족 마을은 텅 비었다. 젊은 여자는 물론이고 마흔 넘은 여자들까지 돈을 벌겠다고 모두 빠져나갔다. 조선족 마을에는 남자들만 남은 셈이었다. 한국으로 건너간 여자들은 오래지 않아 불법체류자가 되었고, 그녀들이 떠나간 자리를 비법월경자(非法越境者)인 북조선 여자들이 채웠다.[87]

탈북여성과 맞물려 나타나고 있는 조선족 마을의 실태는 작가의 의도와 상관없이 한국이 책임져야 할 조선족의 현실을 가늠하게 한다.

<소소, 눈사람이 되다>[88]와 <찔레꽃>[89]은 조선족 마을을 벗어나 중국 내에서 불법체류자로 살아가는 충심을 다루고 있는데, 중국 내에서 조

87 정도상, 위의 책, 114쪽

88 정도상, 『창작과비평』, 2006, 봄,

89 정도상, 『창작과비평』, 2007, 가을,

선족과 탈북자의 갈등을 중심으로 탈북자의 현실을 형상화하여 <풍풍우우>에서 드러난 조선족과 탈북자의 관계, 그 책임의 문제를 계속 생각하게 만든다.

<소소, 눈사람이 되다>에서 충심은 탈북자이며 중국에서 불법 체류자로 생활하고 있다. 그녀는 한성안마에서 안마 일을 하며 살아가고 그녀에겐 북한에 남겨져 있는 가족과 그녀에게 돈을 부탁하여 한국행을 시도하려고 하는 이모가 있다. 그녀는 언제나 중국 공안 당국의 적발에 걸리지 않을까 전전긍긍하며 앞날을 예측할 수 없는 불안한 하루하루를 보낸다. 그런 그녀를 같은 동포인 조선족 부부, 최옥화와 김화동은 그들의 신접살림을 위해 충심이 '2년 동안 몸 파는 것을 빼놓고 온갖 궂은일을 하면서 악착같이 모은 전재산'인 2만 위안을 빌려가고 난 후 살림이 펴졌음에도 불구하고 그 돈을 갚기는커녕 충심을 피하기만 하더니, 한국행을 위해 필요하니 돈을 마련해달라는 연분 이모의 청을 충심이 거절 못해 다시 그들에게 돈 갚기를 요구하자 오히려 충심을 공안에다가 신고를 해버리고 만다.

'중국은 탈북자들을 불법으로 중국-북한 국경을 넘어온 불법월경자라는 기본 입장을 가지고 있다.'[90] 따라서 '중국은 문제 발견 시 신속하게 북한으로 송환하여 국제적 간섭 기회를 봉쇄하는 한편, 외국공관 진입 등으로 문제가 불거지면 국외추방으로 한국 행 길을 터주는 것이다. 탈북자들에게는 기회이면서 동시에 체포와 송환 위험에 더 노출되고 있는 것이다.'[91] 김화동의 신고와 충심의 도피는 그러한 중국 내에서의 탈북자의 현실을 여실히 보여주는 것이다.

중국의 서탑은 이응준의 소설에서도 나오는 지역으로 그 소설에서 언

---

90 정천구, 위의 글, 207쪽

91 정천구, 위의 글, 208쪽

급하고 있듯이 '심양의 코리아타운'으로 온갖 한글 간판을 내건 가게들이 네온사인을 빛내며 흥청대는 곳이다. 하지만 충심 같은 탈북자가 기댈 곳은 그 어디에도 없다.

> 밤의 서탑 중심가는 온갖 네온싸인들로 휘황찬란했다. 경회루 한정식집, 설운도KTV, 서울KTV, 황실룸쌀롱, 전주 콩나물국밥집, 오아시스 커피숍, 녹색지대KTV 등등 한글간판들이 즐비하게 늘어선 거리의 요란한 불빛을 받아 총천연색으로 눈이 내리고 있었다. 그 밑으로 술취한 남자들이 노래를 부르며 비틀거리면서 지나갔다. 충심은 문득 세상을 저주하고픈 마음이 들었다. 세상을 향해 똥바가지를 퍼부으며 고래고래 악을 쓰고 싶었다. 하지만 충심에게 허락된 것은 아무것도 없었다.[92]

소소는 충심의 중국식 이름이다. 탈북자임을 숨기기 위해 만든 가짜 이름인 셈이다. 조선족 여자로 행세하기 위해 그녀는 미나도 되고 소소도 된다. 그녀의 진정한 삶은 이미 북한에서 오래 전에 훼손되어 버렸다. 그녀가 꿈꾸는 것은 소박하다. 그저 고향에서 가족들과 오순도순 사는 것뿐이다. 하지만 그러한 그녀의 소망은 이루어질 수 없다. 탈북했던 그 순간 아니 탈북할 수밖에 없었던 때부터 그녀의 삶은 이미 망가져 있었다고 할 수 있을 것이다. 그런 그녀가 탈북하는 도중에 인신매매단한테 끌려가 목단강 근처 농촌으로 팔려가 조선족 남자에게 강제 결혼을 당했고, 개망나니 같았던 그 남편을 떠나 떠돌다 한성안마에까지 이르게 된 것이었다.

충심이라는 탈북 여성의 삶을 본격적으로 다루고자 하는 작가의 의도가 너무나 분명하여 기실 정도상의 작품이 조선족을 대상으로 하고 있는 작품으로 보기는 어렵다. 정도상의 소설 역시 앞서 살펴본 한국 젊

92 정도상, <소소, 눈사람이 되다>,141쪽

은 작가들의 작품과 마찬가지로 조선족이 전면화되지 못하고 부수적으로 다루어지고 있음을 알 수 있다. 충심을 도와주는 조선족 청년도 등장하지만 오히려 이 소설에서 조선족은 충심이라는 탈북여성의 삶을 더욱 험난하게 만드는 부정적인 인물로 등장한다. 충심의 돈을 갚지 않기 위해 충심을 공안당국에 고발하는 젊은 조선족 부부, 최옥화와 김화동이 그러한 인물들이다. 탈북 여성의 약점을 자신의 이익을 위해 악용하는 그들은 김인숙의 소설에서 보이는 불법체류라는 약점을 잡아 조선족 여성을 착취하는 엄마와 닮아 있다. 한국이라는 공간에서 벌어지는 국내한국인과 조선족, 탈북자와의 관계, 중국이라는 공간에서의 조선족과 탈북자 그리고 한국인(여행자나 사업가)과의 관계는 같은 민족이면서 그 처지나 공간에 따라 복잡한 상생관계와 그에 따라 얼마나 미묘하고 힘든 사회적 문제가 발생하는지를 보여준다.

하지만 정도상의 소설 역시 조선족보다 탈북자에게 작가의 의식과 시선이 집중되어 있어 다면적인 관계와 그에 따른 복잡한 문제를 보여주지 못하고 조선족이라는 주체의 관점에서 보자면 조선족 문제 역시 제대로 다루지 못한다고 할 수 있다. 충심뿐만 아니라 충심을 통해 소설 속에 드러나는 탈북자와 탈북 여성의 현실은 고발의 수준에 가까우며 그만큼 부담스럽다. 그 현실을 알게 된다는 것이 부담스러우며 소설 속에서 작가가 얼마나 급해 있는가를 보는 것 역시 부담스럽다. 정도상의 소설들은 탈북자의 현실을 충심이라는 탈북 여성을 통해 정확하게 알리고자 하는 작가의식이 너무나 강해서 탈북자와 관계된 문제들이 충심을 중심으로 펼쳐져 있다. 따라서 본 논문에서는 정도상의 소설을 탈북자의 관점에서 본격적으로 다루고자 하는 목적이 아니므로 탈북자와 정도상의 소설이 갖는 의미는 다른 연구과제로 남을 수밖에 없다.

<찔레꽃>은 한국이라는 공간으로 넘어온 탈북 여성 충심을 다루고

있기 때문에 아예 조선족 문제는 이제 등장하지 않는다. 하지만 <찔레꽃>에서 작가가 충심을 통해 강변하고 고발하는 한국 내 탈북자의 현실은 탈북자라는 자리에 조선족을 대치하면 바로 조선족의 문제가 되지 않을까 싶다.

> 인천공항에 내릴 때만 하더라도 무엇이든 할 수 잇을 것만 같았다. 물론 약간의 두려움이 없는 것은 아니었지만, 하고 싶은 일을 하며 살 수 있다는 사실에 마음이 부풀었다. 이 땅에 도착하기까지 겪어야 했던 지나온 모든 고통이여 안녕, 이라고 마음속으로 소리쳤다. 그러나 탈북자 교육시설 하나원을 나오자마자 깨달은 것은 탈북자는 이방인에 불과하다는 사실이었다. 같은 민족이었지만 외국인 노동자보다도 차별이 더 심했다. 조금이라도 번듯해 보이는 회사에 가서 면접을 보면, 탈북자라는 사실에 모두들 고개를 저었다. 심지어 식당에서도 탈북자라면 고개를 외로 꼬았다. 공장에 가서 재봉틀을 돌리거나 다른 일을 하고 싶었지만 먼저 지나간 탈북자들의 행세가 나쁘다는 소문 때문에 그것도 여의치 않았다.[93]

충심의 말을 통해 보이는 탈북자들의 한국에서의 삶은 그들의 소망대로 장밋빛이 아닌 또 다른 소외와 차별로 인한 고통의 연속인 셈이다. 이러한 탈북자들의 한국 내 현실은 조선족 역시 한국에서 겪는 일과 별반 다르지 않으리라. 그러한 삶은 그들의 잘못보다는 우리 사회에 존재하는 그들에 대한 차별 때문이다. 그 차별은 곧 그들의 자포자기적인 생활을 낳고 그 생활은 또 역으로 그들에 대한 차별의 심화를 낳는 악순환이 발생하게 되는 것이다. 문제는 그들의 의식의 전환이 아니라 그들에게 주어지는 정책의 현실화와 차별의 철폐, 그것을 바탕으로 한 한국 사회의 인식의 변화일 것이다.

93 정도상, <찔레꽃>, 49쪽

> 게다가 한국으로 오면서 진 빚이 당장 문제였다. 질나쁜 브로커들은 잔금을 받겠다며 아예 정착금 통장을 빼앗아가서 깡을 하기도 했다. 게다가 그들이 북으로 송금까지 해주고 있었으니, 가족의 목소리를 듣고 싶으면 무조건 잔금부터 갚아야 했다.[94]

선교사가 브로커 짓을 하고 그 선교사가 보낸 폭력배가 잔금을 받기 위해 집안에 난입하고 폭력을 행사하고 결국 통장을 뺏어야 물러나는 상황은 탈북자뿐만 아니라 한국에 와 있는 수많은 조선족 불법체류자들 역시 겪고 있는 일이다. 이러한 사실은 개개인이 풀 수 있는 문제가 아니라 한국 정부가 정책적으로 풀어야 하며 그것이 해결될 때 그들의 삶 또한 변화할 수 있으며 그 변화 속에서 한국 사회의 그들에 대한 인식 또한 변화할 수 있다는 것을 방증하는 것이다.

앞에서 살펴 본 조선족을 다룬 소설에서 조선족과 그들의 삶은 소설에서 전면적으로 부각되지 않는다. 중국, 조선족이 사는 공간은 또 다른 소설적 영역의 확장으로 드러나지만 그것은 한국 비즈니스 사업의 영역 확장에 힘입은 바 소재적 면에 머무르고 더욱이 그 공간은 도피와 몰락의 공간으로 나타난다. 그 몰락의 공간 속에 머무는 한국인이 주인공으로 등장하는 소설 속에서 조선족은 주인공의 몰락을 짙게 만드는 우울한 삶의 또 다른 모습에 불과하다. 조선족과 그들의 삶은 문제가 있고 불행해 보이고 따라서 주인공 본인의 몰락한 삶을 더 확실하게 깨닫게 만드는 촉매제의 역할을 하지만 그것뿐이다.

그에 비해 탈북자 여성을 주인공으로 한 정도상의 두 편의 연작소설은 중국과 한국이라는 두 공간을 통해 탈북자 여성의 현실을 심층적으로 드러낸다. 그를 통해 작가는 탈북자의 현실을 바라보는 우리 자신의 문제점을 냉정하게 비판하고 있다. 하지만 이 역시 조선족을 본격적으로

94 정도상, <찔레꽃>, 55쪽

다루고 있는 작품이라고 할 수 없다. 이는 이 작품의 한계로 지적될 수 있는 것은 아니다. 작가의 창작 목적이 탈북 여성을 주인공으로 해서 탈북자의 현실과 문제점을 형상화하고자 하는 데에 분명히 놓여 있기 때문이다. 이렇게 볼 때 현재 한국 현대문학에서 조선족의 문제는 사회적 반향이나 타 분야 학문의 성과에 비해 제대로 이루어지고 있지 못하다고 할 수 있다.

> 한반도를 중심에 놓는 재외동포 정책에서는 한민족의 정체성과 한국어 교육이 중요한 과제가 되며, 재외동포들을 통일과정에 활용가능하거나 경제발전에 기여하는 존재로 보게 된다, '민족의 동질성 회복'을 목표로 하는 한 재외동포 연구단체는 중국조선족 여성과 한국 남성의 결혼을 '반세기간 단절되었던 한민족의 재결합이라는 민족사적 쾌거'로 여긴다. 이처럼 재외동포를 바라보는 시각에는 민족의식을 상실한 가난한 북방의 동포를 계몽한다는 우월의식이 드러난다. 노동인력을 들여올 때 한국어 시험을 실시하여 이주노동자를 줄이고 조선족의 입국을 용이하게 하자는 지원단체의 주장도 폐쇄적인 민족중심주의에 다름아니다.
>
> 재외동포를 자원적인 존재로 보거나 시혜대상으로 바라보는 것은 결코 바람직한 모습이 아닐 것이다.[95]

이러한 기존의 정책이나 인식이 달라져야 한다. 현재 한국에 거주하고 있는 중국 동포 노동자 대다수는 '한국인, 혹은 한국사회가 냉정하며 인종차별적'이라는 견해를 보이며, '적지 않은 수의 조선족 이주노동자들이 한국인에 대해 정이 많다고 생각하는 동시에 교만함, 인종차별적이라는 모순된 견해를 가지고 있다'[96]고 한다. 이러한 한국인의 이중적 인식과 태도는 이제 달라져야 하며 그러기 위해선 한국 정부의 재외 동포, 조선족과 탈북자에 대한 정확한 개념 규정 및 정책적 처우 개선이 우선되

95 현무암, 「동아시아와 코리안 디아스포라」, 『창작과비평』, 2006, 봄, 259쪽

96 김명희, 위의 글, 196-197쪽

어야 함은 더 말할 나위가 없다.

한국내 중국조선족은 한민족인 동시에 대다수가 경제적 이주자이며, 한국사회는 그 '현실'을 '정당하게' 받아들이는 태도와 제도를 가져야만 한다. 무엇보다도 한국사회에서 요구되는 것은 감정적 민족주의 혹은 민족적 동정심에 치우친 '우리 민족 혹은 혹은 동포 끌어안기'의 태도도, 우리보다 못사는 중국인으로 대하는 배타도 아닌, 그들을 '중국조선족 이주자'라는 현실적이고 복합적인 상황에 놓인 '개체로서 끌어안기'태도가 필요하다고 본다.[97]

이제 현실적 방안[98]을 구체적으로 모색해야 할 때가 되었다. 진보적 문학의 관점에서 볼 때 '그들'의 삶은 곧 '우리'의 삶이므로 그들의 이야기가 본격적으로 다루어져야 할 시대적 이유는 충분하다고 할 수 있다.

* 우리 사회에서 차별이나 편견에 의한 사회적 문제를 다룬 소설이 있는지 찾아보고 함께 읽어보자. (예 - 다문화문제, 장애인문제, 지역차별, 경제적 차별, 소위 '갑질'의 횡포 등)

97 김명희, 위의 글, 199쪽

98 조선족들의 한국 생활을 돕기 위해 현실적으로 필요한 것이 무엇인지 오목사에게 물었다. "우선 기술을 배우고 싶어도 배울 수가 없습니다. 국적을 취득한 사람만 기회가 있죠, 정부에서 개방을 해줘야 합니다. 같은 일을 해도 한국인과 조선족은 월급부터 다릅니다. 한국 국적이 있다고 해도 차별은 여전합니다.." "체불 임금도 큰 문제입니다. 한국 물정을 모른다고 교포들만 찾아서 고용하는 경우도 있습니다. 저희는 2달 월급을 안주면 그냥 나오라고 합니다. 많은 돈을 받지 못하고 중국으로 돌아가는 경우가 많습니다. 교포들의 가슴에 못을 박는 일입니다. 경찰들은 2,000만원 이상이 체불되어야 처벌할 수 있다고 나몰라라 하고요." "자녀교육도 문제입니다. 자녀들을 데리고 올 수 있는 방안을 마련해야 합니다. 또 한국에서 초등학교에 다니는 아이들이 적응을 못하고 있습니다. 한국어 교육이나 특별 교육 프로그램이 있어야 합니다."

4) 소설과 영화의 서사 읽기
– 1960년대 서사에 나타나는 '청년' 표상

1960년대는 확실히 이전과는 다른 새로운 청년 세대가 등장한 시대다. 그들은 일제 강점기 말기에 태어나 일제 강점기에 대한 기억이 거의 없는 상태에서 해방과 분단을 겪고 어른들의 싸움이었던 전쟁에서 철모르는 피해자일 수밖에 없었던 세대였다. 1960년대는 그들이 청년이 되는 시대였고, 그 시대에 그들의 이야기가 서사에 등장하는 것은 당연하다.

'조선에서의 전통적인 '청년'의 용례, 한말 young man의 번역어로서 '청년'이 들어온 뒤 (중략) 각 시대별 '청년'에 대한 서술은 엄격하게 말하면 '청년 개념의 변천사'라기보다는 '청년 표상의 변천사'라고 보는 것이 더 맞지 않을까 여겨집니다. 즉 각 시대가 청년들에게 요구한 '청년의 역할', '청년의 이미지'의 변천사라고 볼 수 있을 것'[99]이라고 보았을 때, 1960년대 청년의 표상 연구는 1960년대가 생산해내고 요구한 청년의 역할과 이미지에 대한 연구가 되어야 한다. 즉 연구의 초점은 그들이 주체로서 갖는 자의식과 선택이 시대적 상황과 어떤 상호교섭을 이루면서 나타나는 가에 맞추어져야 한다.

1960년대 정치 상황과의 연관성 속에서 문화 현상과 대중, 혹은 지식인의 내면 의식에 대한 포괄적이고 문화 담론적 논문은 상당히 많이 나

---

99 장신 · 박찬승 · 오제연 · 허병식, 「20세기 한국에서 '청년'은 무엇이었나」, 역사문제연구 제33호, 2015, 226쪽 (이 글은 이기훈의 저작 『청년아 청년아 우리 청년아』, (돌베개, 2014)에 대한 역사문제연구소의 저작비평회에서 이루어진 토론이다. 위의 인용은 박찬승의 토론 내용 중에서 이기훈의 저작에서 이루어지고 있는 각 시대별 청년에 대한 서술이 청년 표상의 변천사라고 할 수 있다고 지적하고 있는 부분인데, 이를 본 연구자는 각 시대의 청년에 대한 논의는 그 당대 청년의 표상에 대한 연구여야 한다고 이해하며 옳다고 여긴다. 노지승의 연구 또한 같은 관점에서 이루어지고 있다고 보기 때문에 연구의 기본적인 입론에 대해서는 동의하는 바이다.)

와 있으나 1960년대 서사에 나타나는 청년 표상에 관한 연구는 아직 많은 연구자들에 의해 심도 깊게 다루어지지 못하고 있다. 지금까지 연구 성과 중에서는 노지승의 논문[100]이 많은 시사점과 함께 더욱 심도 있는 연구의 필요성을 일깨우고 있다는 점에서 살펴볼 필요가 있다. 노지승이 '사회학적 연구가 아닌, 생물학적 연령으로서의 20대를 청년으로 간주하게 하는 담론의 힘, 정확히는 담론 속 표상(representation)에 관한 연구'라고 전제한 것은 필요한 것이었고 또한 타당한 방법론적 전제라고 생각한다.

노지승은 1960년대 제도 교육이 확장됨에 이른바 청년 집단이 형성되었고 또한 문화 담론 속에서 청년의 정체성이 구축되는 양상을 보인다고 전제한다. 그로 인해 '대학생은 60년대를 넘어 오늘날까지 청년의 대명사가 되어 왔다. 한국 사회에 대학생이 급속하게 팽창해가면서 청년=대학생이라는 등식이 암묵적으로 인정되어 온 것이다'라고 서술한다. 그러나 대학생만이 1960년대 청년을 상징할 수 있는 것은 아니라면서 하층 계급 청년들도 함께 호명하면서 그 차이가 소설과 영화에서 어떻게 전유되고 있는지를 논의하고 있다. 이러한 노지승의 논의는 그러나 자칫 1960년대 처음 한국 사회에 청년이 등장하고 그로 인해 지금까지 청년의 표상으로 고정되어 온 것처럼 읽힐 수 있는 오해의 소지가 있다. 또한 1960년대 청년의 표상을 '대학생'과 '건달'로 간단히 구분 짓고 그 의미를 살피는 것만으로는 1960년대 서사에 나타나는 당대 청년의 모습을 총체적으로 살펴보는 데에 한계가 있다.[101]

100 노지승, 「대학생과 건달, 김승옥 소설과 청춘 영화에 나타난 1960년대 청년 표상」, 한국현대문학연구22, 397-424쪽

101 노지승의 논문은 대학생과 건달, 김승옥 소설과 신성일 영화라는 이분법에 근거하여 1960년대 청년 표상을 논하고 있다.

개념적으로 청년을 보았을 때, 청년의 이미지는 순수 혹은 미완성 그리고 미래의 기성세대로서의 가능성, 즉 예비 지도자 혹은 노동력의 주체가 혼잡 되어 있다고 볼 수 있다. 각 이미지들의 결합 혹은 충돌, 타협과 배반 속에서 다양한 청년의 표상이 이루어질 수 있고 그것은 각 시대의 정치, 사회, 경제적 상황 속에서 독특하게 만들어진다.[102]

가령 미완성의 속성이 미래의 자신, 혹은 가문, 사회, 국가를 위해 노력해야 하는 자기 정체성에 대한 모색이라고 했을 때 기성세대의 습속을 따르지 않는 진실 되고 정의로운 존재를 향한 동경과 미래의 지도자로서의 자각과 책임감이 결합하게 되면 강력한 시대 비판적 인식과 실천력을 갖춘 청년의 표상이 이루어질 수 있다. 하지만 속물적 입신출세를 지향하는 욕망이 당대 국가 주도의 기획 예를 들어 1960년대 국가주도의 근대화를 위한 계몽의 주체이자 순응적 주체로서의 지도자적 이미지와 결합하면 기득권의 상류층에 편입되고자 하는 청년의 표상으로 나타난다.

순수 혹은 미완성의 속성이 노동력의 주체성과 결합했을 때도 상반되는 청년의 표상이 나타난다. 이때 노동력의 주체라는 것이 현실 변혁의 실천력으로서의 노동력을 발휘하는 주체인가 당대 시대 질서에 순응하면서 생산 도구로서의 노동력을 제공하는 주체인가에 따라 달라지는데 문제는 그러한 표상이 서사에서 긍정적인 청년의 표상으로 제시되느냐 아니면 파멸을 자초하는 반항적 표상으로 그려지는가를 살펴야 한다. 그 과정에서 유의할 점은 현실에 순응하는 긍정적 표상으로 나타나든, 현실 세계에서 패배하거나 좌절하는 부정적 표상으로 그려지든 시대에 대한 비판의식이 은밀히 내면화된 형태로 나타나기도 한다는 점이다. 그

102 장신 · 박찬승 · 오제연 · 허병식, 위의 글, 232-233쪽 오제연의 토론 내용이 도움이 되었다.

것이 '쓰기'에서 비롯된 것인지, '읽기'에서 도출해낸 것인지 분명하지 않다. 그만큼 중층적이고 다성적(多聲的)이며 따라서 다중적(多重的) 읽기를 요한다.

본 논문에서는 1960년대 초에 개봉된 강대진의 두 영화 <박서방>(1960)과 <마부>(1961), 그리고 김기덕 감독의 영화 <맨발의 청춘>(1964)과 김승옥의 1960년대 소설을 중심으로 서사에 나타나는 청년의 표상을 분석해내고자 한다. 본 논문이 대상으로 하고 있는 서사 텍스트에 나타나는 청년은 대학생, 고시 준비생, 회사원, 자영업자, 건달 등 다양한 모습으로 등장하지만 기실 모두 소외 상태에 놓여 있는 국외자, 혹은 주변인이라는 공통분모를 갖고 있다. 그들은 1960년대 새로운 국가 주도의 경제적 근대화와 강압적 국가 체제의 구축 속에서 동일한 속성, 즉 소외와 열등, 그 속에서 배제와 저항, 타협과 순응 혹은 탈주와 좌절의 이질적이면서도 동시적이고 상응하는 속성을 지닌, 무엇으로 규정되기 전의 불명확한 모습을 하고 있다. 그들의 다양한 표상과 선택이 가져오는 결과의 의미와 한계를 살펴 1960년대 청년 표상의 다양성이 갖는 각각의 시대적, 세대적 조건과 한계를 알아보고자 한다.[103]

103 본 논문은 따라서 영화의 경우, 배우가 아니라 서사 주체로서의 청년에 초점을 맞추어 논의할 것이다. 노지승의 논문을 예로 들면, 신성일이라는 배우와 서사에 나타나는 인물이 엄격히 구분되지 않고 혼동되어 이 논문이 다루고 있는 청년 표상의 모델이 누구인가 혼란을 야기하는 측면이 있다고 본다.

(1) 현실 순응적 청년 표상의 두 가지 양상

(가) 혼종적 청년 표상

강대진 감독의 두 영화 <박서방>(1960)과 <마부>(1961)[104]는 가족에 헌신적인 아버지를 전면에 내세운다. 그러나 이면에는 국가 주도의 근대화가 이루어내는 세대교체와 새로운 세계를 하층 계급의 청년을 통해 이상적으로 보여준다. 영화는 전쟁으로 인해 도시 빈민, 하층계급으로 전락한 구세대 즉 아버지 세대가 놓여 있는, 차별적이고 속물적인 근대화로 인한 생존의 위협과 소외 상황을 착한 아들의 효성과 성공으로 이루어지는 새로운 이상적 세계로 전화(轉化)시킨다. 그런데 그 효성과 성공이 하층민 구세대가 겪는 현실의 보편성에 비해 지극히 개별적이라는 점은 은폐된다. 즉 영화는 일반화의 오류를 과감하게 범한다. 1960년대 대중문화 서사는 국가 재편의 과정에서 권력이 지향하는 청년 표상을 이상적으로 형상화하여 전파함으로써 조력자로서의 역할을 담당한다.

<박서방>의 장남 용범(김진규 분)과 <마부>에서 장남인 수업(신영균 분)이 하층 계급으로서 성공을 이루는 새로운 60년대 청년의 대표적 표상이다. 이들의 공통적 조건은 하층민의 자식이며, 효자이고 자수성가를 이루고자 하는 욕망의 소유자라는 점이다. <박서방>의 장남 용범은 밑으로 여동생 두 명이 있다. 술 좋아하고 완고하고 엄격한, 그러나 전쟁을 겪고 힘겹게 서울의 하층민으로 근근이 살아가는 박서방은 구세대의 전형을 보여준다. 그에게 장남 용범은 삶의 목적이자 희망이며 전부이다.

용범은 비록 대학을 못나왔지만 제약회사에서 성실하게 일하며 부장

104 두 작품 모두 김승호라는 걸출한 배우가 주연으로 나온다. 김승호는 <박서방>으로 아시아영화제, 부일영화제에서 남우주연상을 수상했고, <마부>는 1961년도 베를린국제영화제에 출품되어 특별 은곰(銀熊)상을 수상했다.

자리에 올라 같은 회사 여직원과 장래를 약속한 상태이다. 그에게 있어 인생의 목적은 성공해서 부모님께 효도하는 것뿐이다. 그런 그에게 회의라든가 고뇌의 모습은 전혀 찾아볼 수 없다. 장남으로서 해야 할 책임과 의무를 당연하게 받아들이고 더 나은 아들이 되고자 하는 욕망을 성실함으로 이루고자 하는 진정성이 있을 뿐이다.

부모님이 직접 제약 회사에 방문하여 회사를 둘러보는 장면은 작위적인 느낌을 준다.[105] 부모님을 구경시켜준다는 명분 아래 용범이 근대적인 건물과 시설, 수출에 대해 설명하고 거기에 감동받는 박서방 부부의 모습은 용범이 당대 새로운 국가의 호출에 응답하는 긍정적 청년의 표상임을 단적으로 보여준다. 용범이 성실하고 조신한 신세대 여성과 결혼하여 더 나은 성공을 위해 태국의 새 지점장으로 발령받아 떠나는 마지막 장면은 감동적이기까지 하다. 떠나는 비행기 안에서조차 아버지에 대한 미안함과 그리움으로 눈물을 흘리는 그의 모습은 전근대적인 효자의 모습과 어려운 환경을 극복하고 국위 선양과 성공을 위해 노력하는 새로운 근대화의 기수로서의 청년의 모습이 조화를 이루고 있다.

<마부>의 장남 수업이 처한 상황도 다르지 않다. 아내 없이 마부로 살면서 자식들을 키우는 데 모든 것을 바쳐 온 춘삼이의 궁핍한 현실과 쇠락의 기미는 마부 춘삼이의 유일한 희망인 장남 수업이의 고등고시[106] 시

105 1967년 배석인 감독의 <팔도강산>은 서울에서 한약방을 하는 김노인이 전국 각지에 흩어져 사는 여섯 딸과 외동아들을 찾아다니는 노정을 담고 있는데, 팔도에서 자랑할 만한 자연 풍광과 유적지들을 스케치한 후에 반드시 그 지역의 대표적인 개발 현장을 짝으로 병치하는 방식을 반복한다.(염찬희, 「1960년대 한국영화와 '근대적 국민' 형성과정 - 발전과 반공 논리의 접합 양상」, 영화연구 33호, 2007.9, 30쪽 참조바람)

106 1949년에 "고등고시령"이 제정, 공포되면서 이에 따라 "고등고시 행정과"와 "고등고시 사법과"가 시행되었다. 이 중 "행정과"는 행정고등고시, 외무고등고시로 이어졌고, "사법과"는 이후 "사법시험"으로 바뀌었다. 1961년 "공무원고시령"이 제

험에 대한 도전의 불가피성을 대비적으로 증거하고 그 선택의 당위성을 보증하고 위로하고 격려하는 이유가 된다. 고시에 대한 도전과 집착은 하층민 청년, 지방에서 올라온 고학생에게만 해당되는 것은 아니다. 이미 기득권을 지니고 있는 상류층 청년들에게도 그것은 과업이자 도전이 된다. <마부>에서 수업이가 네 번째 도전한 고시 시험 발표가 있는 날, 다른 부잣집으로 식모살이를 옮긴 수원댁이 그 집 아들에게 합격 발표 장소가 어디인지 묻는 사소한 듯 보이는 장면에서 알 수 있다. 그 집 아들 역시 고시에 도전했기 때문이다. 시험은 누구에게나 열려 있고 도전할 수 있는 평등한 기회라는 명목이 낳는 환상에 비해 급속히 진행되는 산업 근대화가 낳는 빈부격차와 갈등에 대한 인식이 생기기에는 아직 너무 이르다. 환상은 힘이 세다.

마부로 근근이 살아가는 춘삼이는 도태되어 가는 전근대적 하층민의 잔영이다. 트럭, 택시, 자동차로 대변되는 새로운 교통수단 앞에서 마부의 삶은 전근대적이며 필연적으로 쇠락해갈 수밖에 없다. '이 영화는 마부 옆에 마주와 근대적 교통질서를 병치시킴으로써 마부의 삶이 보다 근본적인 이유에서 가난할 수밖에 없음을 시사한다. 주인공 춘삼은 마주로부터 말을 빌려 도시의 짐들을 운반하는 품팔이 노동자인데다가 자동차가 점령한 도시의 도로를 위태롭게 횡보하는 근대의 주변인이다. 이런 그의 신분은 그를 끊임없이 두 세계의 위협에 노출하게 한다. 하나는 마주로 표상되는 자본의 세계이고, 다른 하나는 자동차로 표상되는 기계(또는 기술문명)의 세계이다. 자본과 기계는 그의 가난을 더욱 가혹하게

정, 공포되었다. 1963년 5월 9일에는 "사법시험령"이 제정, 공포되면서 "고등고시 사법과"는 "사법시험"으로 바뀌고 별도로 시행되었다. 참고: 오늘날 "사법고시"는 "사법시험"의 잘못된 표현이다.(고등고시 사법과에서 첫 여성 합격자는 1951년 이태영으로, 한국 최초의 여성변호사로 기록되어 있다. 행정고시에서는 1973년 처음 여성 합격자가 나왔다. 보건복지가족부장관을 지낸 전재희이다.)

만드는 공모 관계에 있다.'[107]

수업으로 하여금 아버지 대신 마부를 하면서도 고시 공부를 포기할 수 없게 만든 것은 아버지에 대한 효성과 집안의 장남으로서의 책임감이다. 그것은 쉽게 사라지지 않는 관습과 습속을 통해 새로운 근대화의 주역으로 앞 세대와 단절해야 하는 청년들의 변화와 선택에 대해 면죄부를 제공하며 대중들에게 그들의 변화와 선택이 오히려 전통적인 효와 가족애에 바탕을 둔 올바른 도리이며 전후 한국 사회의 재건을 위한 용기 있는 선택이라는 인식을 심어준다. 용범과 수업은 봉건적 유습과 새로운 국가 주도의 근대화 정책이 교묘하게 조화를 이루고 있는 청년의 표상으로, 대중적이면서 선동적이다.

(나) 주변부 청년의 길들이기

강대진의 <박서방>이나 <마부>에서 효(孝)와 출세를 동시에 성취해내는 장남이라는 청년 표상은 대중적 공감과 아울러 새로운 국가 건설을 이루는 주체라는, 박정희 정권의 호명에 충실한 청년 표상으로 교묘하게 기능한다. 한편 주역으로 등장하는 그들 옆에 또 다른 청년 표상이 자리하고 있음에 따로 주목하지 않을 수 없다.

그들은 하층민의 아들, 딸로서 학력도 재력도 그렇다고 어떤 재능도 갖고 있지 못하다. <마부>의 수업이나 <박서방>의 용범처럼 집안을 책임져야 하는 중압감에 시달리지도 않는다. 그렇다고 그들이 처한 현실에 만족하고 있다는 것은 아니다. 그들은 자신이 처한 현실의 실체를 오히려 체감적으로, 경험적으로 파악하고 있으며 그들의 한계를 인정하고 소박한 꿈을 지닌 온건한 시민으로 성장하기를 희망한다.

---

107 전우형, 「1960년 한국영화의 가난 재현의 기술과 정치학」, 한국어문학연구 제61집, 2013.8, 122쪽

<박서방>에서 둘째이자 큰 딸인 용순이(조미령 분)는 학교를 다니지 못하고 집안에서 어머니를 도와 살림을 하는 것보다 사랑하는 제천이와의 연애에 대해 반대하는 아버지에 대해 두려움과 불만을 갖고 있다. 깡패로 지냈던 과거 때문에 박서방의 인정을 받지 못하는 제천이(황해 분)는 과거를 청산하고 박서방으로부터 용순이와의 연애를 정식으로 인정받아 정상적이고 바람직한 사회인이 되는 것이 목표이다. 운전 자격증을 취득해 떳떳한 직장인이 되고자 하는 그의 목표는 소박해보이기까지 한다.

용순이의 가출은 아버지에 대한 배신, 즉 불효 행위지만 아이러니하게도 행복한 결말을 예감하게 한다. 용순이의 가출은 올바른 인간이 되기 위해 노력하는 제천이를 도우는 행위이기 때문이다. 따라서 제천이가 운전면허증을 취득하고 둘의 관계를 박서방이 인정하게 되는 것은 당연한 결과이다. 가출이라는 반항적 행위가 오히려 박서방의 기대에 부응하는 결과를 가져오는 역설이 성립됨으로써 용순이와 제천이는 모범적인 청년의 또 다른 표상이 된다.

<마부>에서 장남 수업의 친구이자 둘째딸 옥희를 사랑하는 창수 역시 그러하다. 그는 의리 있고 도덕성이 강한 인물로 등장한다. 마부라는 아버지의 직업과 가난한 삶에 대해 창피함과 원망을 가진 옥희가 부잣집 딸인 척 거짓 행세를 하며 돌아다닐 때도 옥희에 대해 변하지 않는 애정을 보이며 옥희가 올바른 사람이 되도록 곁에서 지켜주는 순정적인 남자다. 옥희가 그녀의 정체를 알게 된 사기꾼들에게 봉변을 당하게 되는 순간에도 창수는 나타나 건달을 쓰러뜨리고 옥희를 구한다. 창수의 사랑 앞에 옥희는 자신의 어리석음과 허영심을 뉘우치고 제과 공장에 취직하여 창수와 미래를 약속하는 사이가 된다. 창수와 영희의 사랑은 창수의 올바른 품성과 순정 그리고 옥희의 반성이 결합되어 나타난 결

과이다. 창수와 옥희는 이 영화에서 가장 현실적이고 모범적인 현실 순응적 청년의 표상을 보여준다.

그런데 여기서 주목할 점은 하층민 여성을 다루는 서사방식이다.[108] <마부>에서 큰 딸 옥례는 벙어리라는 장애와 아버지의 구시대적 가부장주의, 그리고 억압적이며 차별적인 남편의 외도와 폭력 등 편견과 차별, 소외로 인해 자살하고 만다. 그녀의 비극 앞에 아버지 춘삼은 자신의 탓을 하며 오열하지만 금세 옥례의 죽음은 가족의 일상에서 더 이상 거론되지 않는다. 옥례의 죽음으로 봉건적 여성의 희생은 저절로 청산된다.

언니에 비해 반항적이며 현실적 욕망을 지닌 옥희의 신여성으로의 신분상승욕망은 좌절로 끝나는데 아이러니하게도 그 좌절로 인한 옥희의 변화는 긍정적으로 그려진다. 여성 청년의 신분 상승 욕망은 신분을 망각한 과욕이기 때문에 좌절은 정의로운 결말로 그려지는 것이다. 과욕이라 단죄되는 것은 부도덕한 동기와 행위를 수반하는 것으로 그려지기 때문이다. 즉 옥희는 부잣집 딸인 척 거짓 행세를 하는 부도덕한 방법을 택했다. 그런데 옥희가 그러한 방식을 택할 수밖에 없는 현실, 즉 여성 청년이 남성 청년처럼 정당한 방식으로 신분상승욕망을 이룰 수 있는 통로가 차단되어 있는 현실은 은폐되고 있다는 점이다. 옥희가 과욕을 뉘우치고 공장의 여직원으로 취직하여 창수와 맺어지는 결말은 1960년대 여성 하층민 청년에게 주어진 최선의 선택으로 각인된다.

108 1960년대 대중 서사에 나타나는 청년의 표상은 남자와 여자라는 대상에 따라 확연히 달리 나타난다. 각 시대에 나타나는 '청년' 담론 자체가 남성에게 집중되어 있는 것 역시 관련이 있어 보인다. 보다 깊이 있는 분석이 요하는 부분이다.

(2) 저항의 표상, 그 정해진 좌절과 실패의 교훈

(가) 문화적 차이를 통한 현실 비판의 후경화(後景化)

새로운 국가 재건을 목표로 한 근대화의 시대에 봉건적, 전근대적 습속은 쇠퇴하고 서구적 교육과 시험 제도, 문화는 선진적이고 지향해야 할 목표로 나타난다. <마부>에서 춘삼이네 가족의 생계가 걸린 마부라는 직업은 넓어진 도로와 그 도로 위를 달리는 자동차와 트럭, 오토바이에 의해 이미 사양길로 접어들었음이 서사 초기에서부터 드러난다. <마부>나 <박서방>에서 공히 하층민 여성들의 의복은 한복인데 비해 상류층 여성이나 신세대 여성, 즉 오피스걸 등의 복장은 서양식이다. <마부>에서 둘째 딸 옥희는 집 밖에서는 양장과 구두로 치장하고 부잣집 딸 행세를 하다가도 집에 오면 한복으로 갈아입고 아버지의 눈치를 살피는 천덕꾸러기가 된다. 한복과 양장이 의미하는 것은 전근대와 서구적 근대화를 상징하며 전후 새로이 들어오는 미국 중심의 서구 문화가 급격히 청년들 사이에 퍼지고 새로운 지적 물질적 수준의 가늠자가 되고 있음을 말한다.

그러나 강대진은 영화 서사 속에서 비서구적인 따라서 전근대적인 것으로 치부되는 습속과 서구적 문화의 혼종과 대립이 자본을 바탕으로 한 새로운 빈부 격차와 갈등을 보여주고 있음을 놓치지 않는다. <마부>의 마주는 안주인 행세를 하는 첩과 함께 자신의 마부들을 하인 취급하는 속물이며 봉건적 습속에 젖어있는 인물이다. 그렇지만 자본주의적 세태에 민감한 인물로 자동차를 몰고 다니며 변화하는 현실에 따라 마주로 돈을 버는 일을 청산하고 새로운 일을 해야 한다는 민감한 시대감각을 지니고 있다. 부정적 봉건 습속과 속물적 자본주의적 시대감각이 충돌을 일으키지 않는 모습에 감독의 비판의식이 내재해 있음을 알 수 있다.

강대진의 영화 서사에서 문화적 차이로 인한 세태 변화와 그에 대한 날카로운 비판의식은 <박서방>에서 박서방이 둘째 딸 명순이와 연인 관계인 두식이 고모와 처음이자 마지막으로 만나는 장면에서 확연히 나타난다. 두식이 고모는 박서방을 집으로 초대한다. 이미 서양식 저택과 실내 인테리어 등에 압도당한 박서방에게 두식이 고모는 티백 홍차를 건넨다. 티백 홍차를 처음 봐서 어떻게 먹어야 하는지 모른다는 박서방에게 두식이 고모는 티백을 찢어 물에 붓고 마시는 것이라고 박서방을 속인다. 순진하게 그대로 따라서 하는 박서방을 비웃고 모욕을 줌으로써 계층적 차이를 각인시킨다. 그런데 <마부>의 마주나 <박서방>의 두식이 고모에 대한 비판의 초점은 두 사람의 자본주의적 속물근성과 봉건적 계급의식의 변종인 상류층의 왜곡된 계층의식에 맞추어져 있는 것이지 전후 분단 사회에서 서구 문화의 유입과 국가 주도의 근대화가 교묘히 교배되는 시대 상황 자체에 대한 비판이라고 보기는 어렵다.

한복에 비해 서구식 양복과 양장은 세련되고 개방적인 이미지를 주며 청년들은 그러한 서구 문화에 익숙해지고 즐긴다. 박서방이 두식이 고모로부터 치욕을 당하고 온 날, 자식들을 대학에 보내지 못한 자신을 탓하며 홍차가 무엇인지 왜 자신에게 가르쳐 주지 않았느냐고 자식들에게 하소연하는 것 역시 서구 문화 자체에 대한 비판이 아니라 시대를 따라가지 못한 자신의 무능력과 무식에 대한 자탄(自歎)이며 새로운 시대가 무엇을 요구하는지 어떻게 변하고 있는지에 대한 깨달음의 반영이다.

<박서방>에서 둘째 딸 명순이와 두식이는 항공회사에 같이 다니며 일상에서도 영어를 섞어쓰며 다방을 드나든다. 그들에게는 산행도 새로운 신세대의 취미이다. 그들이 고모의 반대를 극복하고 장래를 약속하게 되는 것은 그들을 통해 서구식 문화를 즐기며 따라서 자유롭게 자신의 의지로 자신의 삶을 선택하는 새로운 신세대의 모습을 긍정적으로 부각시

키는 효과를 갖는다. 명순이와 두식이의 결합은 하층민의 딸이자 저학력의 오피스걸과 부잣집 상속자의 결합이라는 점에서 사랑으로 계층적 차이를 극복하는 자유로운 신세대의 모범이 된다. 물론 거기에는 두식이가 고아라는 사실도 배제할 수는 없다. 그들의 결합은 현실적 개연성을 충분히 지니고 있으나 다른 한편으로는 이 한 쌍은 환상과 현실에 대한 당대 청년들의 새로운 고민을 안겨주는 표상이 된다.

(나) 일탈에 대한 징벌 - 반항의 예정된 파국

계층적 차이로 인한 비극적 사랑을 그린 영화 <맨발의 청춘>[109]은 자유로운 신세대의 출현과 가능성 그리고 좌절을 동시에 보여준다.[110] 밀수를 전문으로 하는 범죄조직에서 행동대원으로 살아가는 두수(신성일 분)

---

109 <맨발의 청춘>은 1960년대 대표적인 청춘물로 신성일을 일약 스타덤에 올려놓은 영화다. 1990년대 들어 1963년 제작된 나카히라 코우(中平康) 감독의 일본 청춘영화 '흙탕 속의 순정(泥まみれの純情)'을 대사만 번역해 제작한 명백한 표절작이라는 논쟁이 일어났다. 이에 대해 김기덕 감독은 한 인터뷰에서 다음과 같이 말했다. "일본 것을 표절했다는 이야기가 있는데, 1964년이면 한일국교 정상화가 안 됐을 때여서 일본의 DVD, 비디오테이프도 볼 수 없었어요. 상류사회의 순진한 여주인공과 거리의 깡패라고 할 수 있는 남자 건달의 사랑 이야기라는 아이디어는 일본 소설에서 따온 것이 분명합니다. 하지만 시나리오는 없었어요. 오늘 작업할 장면을 찍고 다음날 장면을 생각해 촬영했어요. 전쟁이 끝난 후 새로운 문화가 들어올 때이니 과거와는 다른 요소들을 넣자고 생각했습니다. 신성일의 스포츠 머리, 진 패션과 트위스트 김의 춤이 그 당시로선 첨단적인 것이었지요."(문화일보, 장재선, 〔문화〕수요초대석, 2011,10,19 참조바람) 여기서는 신성일이라는 한 배우의 이미지에 대한 연구에 초점을 맞추고 있지 않고 또한 <맨발의 청춘>의 표절에 대해서는 아직 논란 중이고 본 논문에서 다루고자 하는 주된 내용은 아니다. 다만 1960년대 본격 문학뿐만 아니라 대중 문화 특히 영화 등에서의 일본 문학과 영화의 영향과 표절 시비에 관한 본격적인 논의는 앞으로 필요하다고 생각된다.

110 신성일이라는 배우에 초점을 맞추어 건달이라는 청년 표상을 연구한 논문(앞에서 살펴 본 노지승의 논문)도 있는데 본 논문에서는 신성일이라는 배우에 초점을 맞추지 않고 1960년대 당대 하층민 청년 표상의 하나로 접근하여 그 청년 표상이 갖는 사회적이며 대중적인 의미와 그 한계가 갖는 상징성에 초점을 맞춘다.

와 외교관의 딸인 요한나(엄앵란 분)의 비극적 사랑은 1960년대 급격히 계층분화가 이루어지는 자본주의적 근대화 속에서 학력, 취업 그리고 미래에 대한 욕망과 함께 불안한 일상을 보내던 한국 청년들에게 환상과 좌절을 동시에 안겨주면서 서구식 청년 문화의 유행을 선도하게 된다.

두식과 요한나가 서로 끌리게 되는 데에는 서로 너무 닮지 않은, 낯선 상대가 주는 호기심이 크게 작용을 한다. 그 호기심이 비극의 근원적이라는 것에 주목해야 한다. 그 호기심은 곧 둘의 계층적 차이를 바탕으로 한 문화적 차이로 인해 더욱 증폭되지만 그것은 화약의 심지에 불을 붙이는 행위이다.[111] 두수는 요한나를 레슬링 장으로 데려가고 허름한 식당에 들러 만두를 권한다. 두수의 취미와 음식 앞에 문화적 충격을 받지만 요한나는 자기 방에서 어머니 몰래 아령을 들기도 하고 레슬링 잡지를 몰래 보며 위스키를 병째 마시는 흉내도 낸다. 두수 역시 마찬가지이다. 저녁이 되면 쥬스를 마시고 클래식 음악을 들으며 잠들기 전에 기도를 한다는 요한나의 말을 들은 이후 두수는 트위스트 음악과 춤으로 왁자지껄한 바에서 평소답지 않게 뮤직박스에 들어가 베토벤의 교향곡 운명을 틀기도 하고 술 대신 주스를 마신다.

하지만 두수와 비교되는 요한나의 일상은 하층민 두수로서는 알 수도 없었던 영역의 상류층의 서구 문화로 채워져 있다. 화려한 드레스를 입은 요한나는 정장을 차려입고 어색해 하는 두수를 데리고 클래식 음악회에 가기도 하며 두수가 체포된 것도 모르고 두수의 무소식에 매일 편지로 타는 가슴을 달래는 동안에도 가족과 함께 스키장을 간다. 그들의 계층적 신분과 문화의 차이가 클수록 서로에 대해 이해하려고 하는

111 앞에서도 살펴 본 바 계층적 차이를 문화적 차이를 통해 보여주는 것은 60년대 급변하는 시대의 서사에서 공통적으로 보이는 기제라고 할 수 있다. 그를 통해 대중들은 현실을 인식하고 행동한다. 청년도 마찬가지이다.

그들의 순수성은 그들의 비극적 운명을 강하게 예상하게 만든다.

그들의 비극은 지금까지 논의되었던 것처럼 두수라는 하층민 건달 청년과 상류층 여대생과의 이루어질 수 없는 비극적 사랑이라는 신파조의 감성도 아니고 잘 생긴 얼굴에 반항아적인 이미지로 급부상하여 일약 스타덤에 오른 신성일이라는 배우에 대한 영화사적인 표지도 아니다. 중요한 점은 요한나라는 여성 청년과 두수라는 남성 청년 모두 당대 급변하는 시대의 희생양이자 현실 비판적인 청년 표상이라는 것이다.

요한나가 두수에게 끌리게 된 것은 지금까지 느끼지 못했던 자유로운 청년 표상이 주는 호기심이 자신 속에 내재해 있던 자유에 대한 갈망을 일깨웠기 때문이다. 요한나의 고상한 취미와 엄격하고 규칙적인 도덕적 규율은 식민지 시대부터 해방 후, 그리고 전쟁을 거치면서도 계속 기득권을 유지하면서 상류층으로 군림해 온 기성세대, 즉 요한나의 부모의 습속이 그녀에게 강요해온 것에 불과하다. 두수의 일상은 건달 청년의 불온하고 불안한 하루하루에 불과하지만 그를 통해 나타나는 문화는 당대 청년들의 일탈적이면서도 적극적으로 서구식 문화를 받아들이고 자기화하는 현실을 보여준다. 나팔바지와 양주, 트위스트와 다방, 뮤직 박스, 팝송으로 채워진 청년 문화는 기성세대에 대한 반항의 의미를 지니면서도 서구식 문화를 비판 없이 받아들임으로써 1970년대에 이르러 나타나는 통기타, 청바지, 맥주로 상징되는 청년 문화의 긍정성과 부정성의 씨앗이 되어 이 땅에 흩뿌려졌다고 할 수 있다.

두수를 어머니에게 소개하고자 하는 요한나의 순진성은 어머니의 계략에 의해 여지없이 깨지는데, 강대진 영화에서 나타나는 박서방과 두식이 고모와의 만남과 흡사한 문화적 차이를 통한 모욕의 방법이 그러하다. 요한나 어머니의 지인은 두 사람의 관계를 끊어놓고자 두식이와 요한나를 초청해 서양식 요리를 접대하고 포크와 나이프를 제대로 쓰지 못하는 두식이 스스로 신분의 차이를 지각하고 요한나를 포기하게끔 만든다. 어머니의 계략임을 알아챈 요한나는 자신을 피하는 두식이를 찾아가 끝까지 함께 할 것을 맹세한다. 요한나가 순종하는 딸에서 벗어나 주체적으로 변하며 두수와의 사랑을 위해 두려움 없이 가출을 감행하는 모습은 두수보다 훨씬 적극적이며 용감하다. 그런 요한나의 용감함은 어머니의 차별적 행동과 자기를 피하는 두수의 어쩔 수 없는 패배자적 좌절에 대한 저항이다. 그러한 요한나의 변화된 모습은 새로운 시대의 청년 표상을 보여준다.

그러나 두 사람의 탈주는 동반자살로 끝을 맺는다. 김기덕 본인이 술회한 바, 요한나의 화려한 장례식과 대비되게 거적에 덮인 채 리어카에 실려 가는 두식의 마지막 길[112]은 상류층과 소외된 하류층과의 빈부 격차를 드러내는 의미와 함께 비록 화려한 장례식의 주인공이 되었지만 부조리한 기성세대의 관습에 희생당한 불우한 청년 표상으로 요한나가 그려지고 있다는 사실을 보여준다. 요한나와 두식은 계층적 분화가 자본에 의해 심화되는 1960년대에 새로운 청년의 표상을 보여준다. 하지만 그들의 결말이 비극일 수밖에 없다는 사실은 그들의 결단과 행동이 일탈에 불과하며 새로운 국가 건설의 긍정적 주체로서의 청년이 바람직하다는 교훈이 대비적으로 강하게 규율로 정착하고 있는 시대라는 사실을 일깨운다. 그들의 시체 앞에서 밀수 조직 패거리의 두목과 2인자가 참회의 눈물을 보이며 자수하는 장면은 그래서 생뚱맞다.

---

112 김(기덕) 감독은 이 영화의 라스트 신에 대해 아쉬움이 많다고 했다. 주인공 두수가 리어카에 거적을 씌운 꼴로 실려가는 것에 비해 그가 사랑했던 여인 요한나의 장례행렬은 장대한 것이었다. 죽어서도 신분의 차이가 있다는 것을 나타내고 싶어서였다. 그러나 검열과정에서 화려한 장례 장면이 삭제됐다. 빈부 격차를 심화시킨다는 이유였다 (장재선, 문화일보, 앞의 글 참조바람)

(3) 선택의 조건과 당위성이 요구하는 부끄러움

영화 <박서방>에서 수모를 당하고 온 뒤 박서방은 명순에게는 다시 공부해서 꼭 대학에 갈 것을, 그리고 용범에게도 대학을 못 보내줘서 미안하다고 울부짖는다. 학력이 입신양명의 수단이 되는 것은 동양 사회에서 오래된 전통이자 윤리이다. 1960년대 대학생에 대한 대중들의 열망은 그 연장이다. 새롭지 않은 신분상승 방식이 그대로 답습됨에도 불구하고 전후 새로운 국가 형성의 시기에 그것은 새로운 시대적 변화로 인식된다. 청년들에게 있어 고등 학력은 구세대의 열망을 충족시킴과 동시에 변화의 시대에 주역이 될 수 있는 조건이 된다. 그것이 새로운 계층간 소외와 차별을 만들어내고 비도덕적, 속물적 욕망 실현의 수단이 될 수 있다는 비판 의식은 아직 싹을 틔우지 못했다.

1960년대 대학생은 출세와 신분상승을 위해 남녀 청년 모두에게 요구되는 새로운 시대적 조건이었다.[113] 전후 한국의 새로운 국가 주도의 자본주의적 근대화 속에서 대학생은 자본주의적 논리에 따라 기득권을 확대 재생산할 수 있는 필수적 요건이 되기도 하고 기존 하층민 혹은 주변부를 벗어나 주류가 될 수 있는 조건이기도 하다. 오히려 그래서 대학생이라는 조건은 상층민에게나 하층민에게 공히 필수적인 출세와 결혼의 조건이 된다. 따라서 하층민 청년과 대학생을 구분 짓는 것은 논리상 무리가 있다.[114]

---

113 '대학생'이라는 표상이 남성과 여성에게 어떻게 다르게 나타나고 있는가도 1960년대 서사를 바라보는 하나의 중요한 관점이 될 수 있다고 본다.

114 노지승은 '도시의 대다수를 차지하고 있던 하층 계급 청년들의 경우 대학생이라는 표상을 지식인 청년들과는 다른 방식으로 전유하고 있음'이라고 하면서 하층 계급 청년과 대학생 청년을 동일한 기준에 놓고 다른 주체로 파악하고 있는데,(노지승, 앞의 글, 22쪽 참조바람) 하층 계급이면서 대학생인 청년의 경우가 더 문제적일

하층민 혹은 주변부(지역적, 문화적)에 위치한 소외 계층이면서 대학생인 청년 표상은 복잡하고 다면적이다. 그들은 선택지가 다수 존재함을 인식할 수 있으며 그 각각의 선택이 가져 올 결과를 예상할 수 있다. 그래서 그들은 선택에 대한 부담으로 인해 고뇌하고 갈등한다. 그것을 고백적으로, 사실적으로 드러낸 대표적인 대학생이 1960년대 김승옥의 소설에 등장하는 대학생이며 김승옥 본인이기도 했다.

> 서울대학교에 합격했다고 해서 무엇을 얻었던가. (중략) 그리고 그 보편적 진리를 배웠다는 친구들의, 아아 날뛰는 꼴. 감색 교복에 은빛 배지를 빛내며 버스칸 같은 데서 가죽가방을 무릎에 세우고 영감님처럼 점잖게 앉아 있는 국립대학생. '헤겔'도 못되고 '쇼펜하우어'도 못 된 것들이. 더구나 '예링'의 절규가 어디서 나온 것인 줄도 모르고 그 절규의 메아리만 배워서 실천하려고 드는 무리들. 그러나 그들은 행복해 보였다.[115]

김승옥의 「환상수첩」에 나오는 시골 출신의 서울대생 정우의 복잡한 심경이 잘 드러나 있다. 버스칸에서 영감님처럼 앉아 있는 같은 서울대생[116]에 대해 경멸과 부러움이라는 이중적이고 모순적인 감정이 표출되고 있지만 서울대학생이 한국 사회에서 특권의 표징이자 미래를 보장하는 실제적 힘이라는 것에 대한 분명한 인식이 내재해 있다.

수 있다. 다른 형제들은 대학을 못가도 장남만은 대학에 꼭 진학시키려고 했고 그로 인해 집안에서 유일한 대학생이 된 장남은 다양한 욕망과 갈등을 지닐 수밖에 없는 존재가 되어버린다.

115 김승옥, 「환상수첩」, 『김승옥 소설전집 2』, 문학동네, 1995, 39쪽

116 대학생 복장 규제는 광복 직후부터 있어왔다. 5·16 쿠데타 직후인 1961년 6월 1일 문교부는 '혁명정신에 입각한 청신한 기풍과 질서의 확립'을 내세워 모든 대학생에게 제복을 입으라고 지시했다.(「김명환의 시간여행」 76, 『조선일보』 2017.6.28) 박정희 정권은 대학생 복장에도 일제 군국주의적 규율과 통제의 기제를 적용시킴으로써 우월과 열등의 심리 기제를 작동시켜 동일화의 주체 논리를 생산하였다.

지방 고등학교 출신으로 1분 1초를 아껴가며 시험공부를 하여 서울대학교 학생이 되었지만 대학에 들어온 후 오히려 실망을 느꼈다[117]는 김승옥 자신의 술회가 오버랩된다, 정우는 김승옥 자신이기도 하고 김승옥 내면의 진실한 또 다른 김승옥이기도 하고 진실하기 때문에 극복이든 청산이든 하지 않으면 안 되는 비현실적, 이상적 자아이기도 하다. 극복하든지 청산하든지 해야만 한다고 서술한 이유는 소설에서 정우를 자살하게 만들고 임수영을 살려놓으면서 임수영을 통해 '산다는 것, 우선 살아내야 한다는 것. 과연 그것이 미덕이라고까지는 얘기하지 않겠다. 그러나 그것은 이제야 출발하는 것이다.'라고 말하게 하고 있기 때문이다.

그것이 비록 냉소적이고 자기비하적인 어조로 드러나 있다 해도 그것은 김승옥 본인의 현실적 선택이자 자기와 같은 지방 출신의 가난한 서울대생 혹은 하층 계급 출신의 대학생에게 주는 면죄부이다. 그런 점에서 '지방 출신의 경우 '서울'에 대한 환상이 지독한 생존경쟁의 체험으로 대체되는 것을 경험함으로써 그 환멸은 배가되는데 이러한 종류의 온갖 환멸을 가진 '대학생'들이 바로 김승옥 소설의 진정한 저자(author)이자 독자(reader)이기도 하다'[118]라는 지적은 옳은 지적이다.

그러나 여기서 대학생에 방점을 찍는 것은 정확하지 않다. 오히려 '지방 출신의 가난한' 이라는 수식어에 주목해야 한다. 그랬을 때 그냥 일반적인 '대학생'이라는 표상이 아니라 지역적, 계층적 한계를 지닌 열등한 존재로서의 대학생이라는 구체적인 표상이 떠오른다. 김승옥은 소설에서 그냥 서울대학교를 다니는 대학생을 그린 것이 아니라 자기와 같은 지방 출신의 가난한 서울대생을 그린 것이다. 그 점을 간과하면, 그의 소설의 키워드인 기대감과 환멸은 설명이 되지 않는다.

117 김승옥, 「산문시대 이야기」, 『대학신문』, 1973.9.17. 참조바람

118 노지승, 앞의 글, 398쪽

그러면서 한편으로는 뜻밖이라는 느낌을 가졌다. 독문학을 할 친구같이 뵈지 않았던 것이다. 전남 지방에서는 가정 형편이 어려운 수재들은 대개 판검사判檢事를 목표로 법대에 진학하는 것이 통례이었기 때문이다. 나는 이청준이도 그러려니 생각했던 것이다. 아니 그래야 할 친구로 생각했던 것이다.[119]

1941년생인 김승옥은 여순 사건으로 아버지를 잃고 6.25가 날 무렵 여수에 살았는데 그의 어머니가 바느질 품삯 일로 가족들을 먹여 살렸다.[120] 1960년 전남 순천고를 졸업하고 서울대 문리대 불문과에 입학한다. '28세에 과부가 되어 혼자의 힘으로 시어머니와 세 아들을 돌봐낸'[121] 어머니와 어렵게 살던 지방 출신의 수재였던 김승옥 입장에서 위의 인용 부분은 오히려 그에게 해당되는 말이었다.

그에게 서울은 낯섦으로 시작되었다. '낯설다'의 실체는 대학에 대한 실망과 지방출신과 서울출신 사이에서 느껴지는 문화 감각의 차이가 주는 충격이었다. 그의 소설에 등장하는 대학생은 바로 그러한 낯선 서울에서 실망과 소외와 짊어져야 할 현실적인 삶의 무게와 자존감 속에서 헤매고 갈등하거나 영악하게 계산한다. 그리고 선택한다. 끝내는 환상 속에서 죽거나 아니면 현실에 살아남아서 부끄러워하거나 견뎌내는 자신을 스스로 대견해하면서 현실과 타협한다.[122]

선애가 용감하고 두렵다고 느끼는 것은 선애는 환상이 아닌 현실적인 꿈을 꾸면서 죽는 힘을 다해 싸우기 때문이다. 정우는 서울에서 주변인으로서의 자신, 그러나 중심부로 진입할 수 있는 가능성과 그러기 위해

119 김승옥, 「《산문시대》이야기」, 『내가 만난 하나님』 김승옥 산문집, 작가, 2004, 186쪽

120 김승옥, 「어린 시절의 두 가지 이야기」, 위의 책, 125-127 참조바람

121 김승옥, 「《산문시대》이야기」, 위의 책, 183쪽

122 죽거나 타협하면 환상은 사라진다. 그 대가로 그의 소설은 청년을 잃고 따라서 소설 자체의 존재 이유가 사라진다. 이것이 명예로운 수사이든 종결의 의미이든 그가 60년대 소설가일 수밖에 없는 이유라고 생각한다.

감당해야 할 치욕과 냉혹함과 자기 합리화를 위한 타협적 논리의 잔인함을 알고 있었다. 선애의 안간힘의 한계를 이미 보고 있는 그로써는 선애를 감당할 수 없다. 부끄러운 선택을 하기 위해서는 그녀는 없어져야 한다.

선애의 자살은 이미 그가 현실을 선택했음을 의미한다. 정우는 부러움만이 존재하는 현실에서 '세상이 당연하다고 내미는 것을 나 역시 당연하다고 생각하며 받아들이도록. 평범한 것을 흡족하게 생각하며 받아들이도록.'[123]자신을 현실에 적응시키고자 하는 마음을 버릴 수 없었다. 그가 서울을 떠나는 것은 서울로의 대학 진학을 꿈꾸며 열심히 공부했던 그 날의 자신으로 돌아가야 그 가능성을 다시 가질 수 있을 것 같았기 때문이었다.

홀어머니 밑에서 장남으로 자란 지방 출신의 서울대생이었던 김승옥이 간파한 것이 자신이 갖고 있는 환상 혹은 문학적 감성과 새로운 국가 주도 자본주의적 근대화로 재편되는 서울의 속물적 현실과의 갈등이었다. 김승옥은 「환상수첩」에서 인문학도 정우를 자살하게 만들고 법학도 수영을 살려 놓는다. 법대에 진학했으나 폐병으로 낙향하여 위악과 범법행위로 현재의 고통을 견뎌낸 수영은 살아남는다. 수영은 '다시 한번 말하고 싶지만 중요한 것은 어떻게 해서든지 살아내야 한다는 문제일 것이라고 나는 확신한다.'[124]라고 말한다. 수영은 불가피하게 죄를 짓게 되면 짓는 것이라고 하면서 '그러나 죄의 기준이라는 게 없어진 지금'이라고 냉소적으로 말한다. 죄의 기준의 없어진 시대라면 당연 수단은 결과에 의해 평가될 것이다. 결과라는 것은 수영의 말 그대로 살아남는 것일 터이다. 대학생 중에서 지방의 가난한 집 출신, 전후 몰락한 집안, 서울

123 김승옥, 「환상수첩」, 앞의 책, 30쪽

124 김승옥, 「환상수첩」, 위의 책, 76쪽

도시 변두리 하층민의 아들들이었던 이들에게 왜 살아야 하고 왜 출세해야 하는지에 대해 수영의 말만큼 위로와 당위성과 격려를 주는 말이 있었을까?

전후 1960년대 급격히 진행된 국가 주도의 근대화 속에서 지방은 소외와 낙후의 길을 걷고 사람들은 도시로 몰려들었다. 그들은 도시 변두리 빈민이 되고 노동자가 되고 간혹은 좁은 틈새를 뚫고 서울 시민이 되어 중심부로 편입되기도 했다. 중심부 입성을 이룬 이들은 학력과 자본, 그리고 인맥을 통한 세속적 출세의 길을 택하고 그 선택의 결과를 쟁취할 수 있었던 소수의 청년들이었다. 그들은 고향의 몰락을 감각적으로 알고 있었고 그래서 서울로 몰려들었고 서울에서 살아남는 법을 배우기 위해 동분서주하고 고민하고 갈등했다. 갈등은 고향에 대한 배반이라는 감정에 기인하는 것이 아니라 깨져버린 환상에 대한 미련을 버리지 못하는 자신 때문이었다.

「역사(力士)」에 나오는 시골 출신의 대학생은 창신동 판잣집과 이층 양옥에서 느껴지는 상반된 감정과 인식 속에서 스스로에게 질문하고 답을 찾고자 애쓴다. 절름발이 사내와 딸, 영자라는 창녀, 서씨라는 막노동꾼 등이 궁상스럽게 모여 살던 창신동 집에서 그는 '안주(安住)에의 동경을 의식하지 않을 수 없었다. 그것은 그 사람들의 헤어날 길 없는 생활 속에 내가 휩쓸려 들어가게 되는 것이 무서웠기 때문'이었을 것이라 생각하지만 이층 양옥에 옮겨 와서는 이층 양옥에 대한 권태와 혐오증을 느낀다.

그런데 여기서 간과할 수 없는 문제의식이 있다. '그래서 마침내 어느 쪽인가 한 편이 틀려 있다는 생각'이 그것이다. 벗어나고 싶던 창신동 생활이 더 알찬 것이라는 생각과 처음에 존경심을 불러 일으켰던 이층 양옥의 규칙적이고 깨끗하고 정해진 시간에 정해진 대로 움직이는, '가풍'이라는 봉건적 명칭 하에 아이러니하게도 서양식 문화와 질서로 이루어지는 세계가 권태와 혐오증을 일으키는 모순적 감정은 무언가 행동을 해야 한다는 의무감을 불러온다.

그는 '평온한, 부자유하게 평온한 마을'에 속해 있는 이층 양옥집의 가족들이 마시는 보리차에 흥분제를 타서 그들이 껍데기를 깨고 뛰쳐나오기를 기대하고 심지어 피아노를 쳐대지만 아무도 나오지 않는다. 그날 밤 그가 느낀 것은 고독과 유일하게 나와 자기를 방에 데려다 준 할아버지의 팔이 너무나 억셌다는 것이다.

문제의식을 갖고 있었다고 선택이 합리화되고 그 선택이 어쩔 수 없이 생존을 위한 것이었다는 변명이 쉽게 용납될 수는 없다. 애초에 소란을 기획하면서도, 자신이 결코 창신동 빈민가로 돌아가지는 않으리라고 스스로 잘 알고 있었다고 고백하는 것은 이미 완강한 이층 양옥의 문화와 질서에 비해 창신동은 몰락할 운명의 변두리라는 것을 인식적으로 깨닫고 있었음을 보여준다.

창신동 판잣집과 이층 양옥으로 표상되는 두 가지 생활은 당대 지방 출신 혹은 하층민 출신의 대학생 바로 앞에 공존하고 있는 현실이었는데, 소설에서 대학생 본인이나 화자 모두 "모르겠다"라고 판단과 결정의 위치에서 빠져버린다. '어느 쪽이 반드시 틀렸다고 말할 수도 없고, 오히려 두 쪽 다 잔혹할 뿐이라는 점에서 똑같다'고 생각한다. 거기에 환멸만이 남는 것은 당연하다. 환멸 속에서 살아남아야 한다는 것, 그게 선택의 기준이라는데 더 무슨 이유가 있어야 하는가. 그들에게 옳고 그름을 물을 수는 없다. 그러나 그들은 평안하지는 못하다. 그것을 인식하는 그들에게 마지막 마음 깊숙이 남는 것은 부끄러움이다. 그들이 앞서 살펴 본 영화 서사의 청년 표상들과 다른 점은 그것뿐이다.

「무진기행」에서 윤희중은 한국 전쟁이 터졌을 때 서울에서 대학을 다니고 있었다. 전쟁이 터지자 그는 고향 무진으로 내려와 의용군 징발도,

국군 징발도 모두 기피하고 전쟁이 끝날 때까지 골방에 숨어 지냈다. 그러던 그가 부와 권력을 지닌 집안의 과부 딸과 결혼해서 현재 장인과 아내의 힘으로 전무에 오를 참이다. 그저 수동적으로 출세를 위해 잠시 무진에 내려왔다가 아내의 전보를 받고 다시 서울로 올라가면서 그는 부끄러움을 느꼈다고 고백한다.

한국 전쟁이 터졌을 때 대학생이라면 김승옥(1941년생) 세대 즉 4.19 세대 혹은 한글세대보다 십년 정도 앞선 세대라고 할 수 있다. 이청준은 「병신과 머저리」를 통해 자신들의 형 세대와 자신들을 명확히 구분 짓고 자기 세대의 정체성에 대해 고민하였다. 김승옥은 윤희중을 내세워 무슨 이야기를 하려고 하는 것인가. 전쟁을 겪고 1960년대 급변하는 근대화의 현실 속에서 환상을 버리고 현실을 택하는 선배 세대의 모습 속에서 자기 세대의 운명을 보았던 것인가. 2,30대 청년으로서의 동질감을 그는 이질감보다 더욱 감각적으로 감지하였는지 모른다. 김승옥이 자신을 포함한 1960년대 청년 표상의 하나로 만들어낸 전형은 지방 출신, 하층민 출신의 예민하되 연약한, 환멸과 선택에 대해 자기 논리를 만들어 스스로 합리화시키고 그러면서 부끄러워하는 대학생이다.

*소설을 원작으로 하는 영화 한 편을 골라서 원작과 비교해보자.

- 인물, 사건 전개 과정, 결말, 주제

이호규

연세대학교 문과대학 중어중문학과 졸업
연세대학교 국어국문학과 현대문학 석사 졸업
연세대학교 국어국문학과 현대문학(소설 전공) 박사 졸업
현 부산 동의대학교 한국어문학과 재직

저서
1960년대 소설 연구 – 일상, 주체 생산, 그리고 자유
저항과 자유의 서사

공저
TV드라마와 한류
이공계를 위한 논리적 사유와 글쓰기

이야기와 소설

초판 1쇄 발행 _ 2018년 12월 31일

저　　자 • 이 호 규
발 행 인 • 정 현 걸
발　　행 • 신 아 사
인　　쇄 • 대명프린팅
출판등록 • 1956년 1월 5일 (제9–52호)
주　　소 • 서울시 은평구 통일로 59길 4 (2F)
전　　화 • 02)382–6411 · 팩스 02)382–6401
홈페이지 • www.shinasa.co.kr
E–MAIL • shinasa@daum.net

ISBN 978–89–8396–299–7 (93800)

정가 12,000원

이 저서는 교육부의 산업연계교육활성화선도대학(PRIME)사업 사업비를 지원받아 집필한 저서임